Sina-Aline Geißler
Wolfgang Bergmann
Der neue Lolita-Komplex

SINA-ALINE GEISSLER
WOLFGANG BERGMANN

Der neue LOLITA Komplex

Wenn ältere Männer junge Frauen lieben

Moewig

Originalausgabe

Umschlagentwurf und -gestaltung: Meinolf Paul, Berlin
Umschlagmotiv: Archiv für Kunst und Geschichte, Berlin
Satz: Utesch Satztechnik GmbH, Hamburg
Gesetzt aus der Bembo
Druck und Bindung: Bercker Graphischer Betrieb, Kevelaer
Printed in Germany 1991
ISBN 3-8118-1166-5

Inhalt

Vorwort

Beziehungen zwischen älteren Männern und jungen Frauen – ist das ein Modethema? Es hat den Anschein. In der Regenbogenpresse tauchen am Beispiel von prominenten Namen in den letzten Jahren immer wieder Berichte auf, die ihre Attraktivität und Aktualität aus dieser reizvollen Konstellation beziehen.

Es ist nicht abzustreiten, daß ein Modethema gleichsam im Spiegel des Trivialen häufig einen allgemeinen gesellschaftlichen Trend repräsentiert. Was verbirgt sich also hinter diesem Lolita-Thema, wie wir es nennen wollen, weil die gängige oberflächliche Beurteilung dieser Paar-Konstellation zumeist von dem Klischee geprägt ist, die junge Frau sei eine „Lolita", eine verführerische Kindfrau. Diese Bewertung ist so natürlich nicht zutreffend, aber hinter einem Klischee verbirgt sich manchmal doch ein Körnchen Wahrheit.

Doch zurück zu unserem Ausgangspunkt. Was steckt hinter dem Thema Lolita-Beziehungen? Und was verbirgt sich dahinter an heimlichen und unbewußten

Strömungen im Verhältnis der Geschlechter, im Unbewußten und in dem, was sozial nicht sogleich erkennbar ist?

Wir wollen versuchen, dieses Thema in vielen Einzelzügen auszudifferenzieren, um auf die Spur dessen zu kommen, was für die betroffenen Paare – und nicht nur für sie – der Aufklärung bedarf. Aufklärung über ihr soziales und psychologisches Schicksal, Aufklärung über ihre eigenen Motive (auch die unbewußten), Aufklärung auch über ihr Verhältnis zur Umwelt und über das Verhalten ihrer Umgebung.

Ein älterer Mann, der eine junge Frau für sich gewinnen kann, löst zunächst bei anderen Männern Neid aus. Wir werden nach den unterschwelligen Motiven dieses Neides fragen und feststellen, daß in dieser Paar-Konstellation – wie in dem Lolita-Thema überhaupt – eines der Tabus berührt wird, die in unserer Gesellschaft in bezug auf Liebesbeziehungen noch existieren. Wir werden weiter sehen, daß die Aufdeckung der Motive, die jüngere Frauen zu älteren und erfahrenen Männern treiben, auch Auskunft über die Entwicklungsgeschichte der Frau in der modernen Gesellschaft gibt.

Das Thema der weiblichen Emanzipation wird uns implizit immer begleiten, und die Erkundung der Beziehungen im Lolita-Verhältnis wird uns viele der Widersprüche und Paradoxien der weiblichen Emanzipation verdeutlichen.

Wir haben zahlreiche Gespräche mit Paaren geführt, die dieses schwierige und glückversprechende Verhältnis eingegangen sind. Erfahrungen sind so verschiedenartig wie menschliche Beziehungen überhaupt. Und dennoch lassen sich einige Grundmotive – bei den jungen Frauen ebenso wie bei den älteren Männern – herausarbeiten, die all diesen Beziehungen gemeinsam sind.

Diese wollen wir aufzeigen. Vielfach ergibt sich allein schon aus dieser Übereinstimmung ein Hinweis darauf, wie Schwierigkeiten, die unausweichlich auf solche Paare zukommen, bewältigt oder – wenn nicht bewältigt – doch zumindest akzeptiert werden können. Und sei es nur dadurch, daß die betroffenen Paare verstehen, daß ihre Probleme nicht individueller, sondern allgemeiner Art sind – zum größten Teil aufgezwungen, zum Teil eingeredet. Darüber hinaus werden wir zeigen, daß manches, was als Problem erscheint, in Wahrheit eine Chance ist. Eine Chance allerdings, die man nur erfahren und umsetzen kann, wenn man den Mut findet, sich ein Stück weit gegen die gesellschaftliche Normalität zu sperren. Wenn man also das zu Ende führt, was man bei der Partnerwahl schon begonnen hat: die risikoreiche, aber reizvolle Entfernung vom Normalen.

In den Lolita-Beziehungen liegt ein Versprechen. Sie versprechen dem Mann Glück und der Frau Geborgenheit und Erfüllung. Sie sind wie alle Ziele in unserer Gesellschaft nicht ohne Mut durchzusetzen. Unsere Erfahrungen, Gespräche und Analysen haben uns immer wieder an diesen einen Punkt geführt, den Mut zu finden, etwas zu tun, das sich der Norm entzieht. Dabei können wir etwas über den Charakter des Normalen lernen. Aber auch etwas über die Möglichkeiten, sein Glück zu finden in der geschlechtlichen Beziehung – ein Glück, das diese Paare beinahe beispielhaft anstreben.

1. Kapitel

Die Lolita-Beziehung – eine grenzenlose Liebe

„Vaterkomplex, Midlife-crisis", sagen die einen. „Inzest und Habgier", die anderen. „Die beste Beziehung, die es geben kann", versichern die, die es wissen müssen. Die Rede ist von Lolita-Paaren. Von Beziehungen zwischen jungen Frauen und sehr viel älteren Männern.

Es gab sie schon immer – in früheren Zeiten waren sie beinahe an der Tagesordnung – und es gibt sie auch heute. Immer häufiger. In Illustrierten begegnen uns die strahlend prominenten Vertreter dieser Paare, aber wir treffen sie auch auf der Straße. Ein Trend zeichnet sich ab, will man den Untersuchungen namhafter Gesellschaftsforscher Glauben schenken: Die Lolita-Beziehung ist groß im Kommen. Die richtungsweisenden Zeiger in punkto Zweisamkeit deuten auf Mann-Frau-Beziehung, eine in der (wieder) die alten Ideale gelten (dürfen): der Mann als der überlegenere an Erfahrung, Reichtum und Wissen; die Frau als Verkörperung von Jugend und Unschuld.

Die sogenannten Softies haben als Leitbild ebenso ausgedient wie ihre weiblichen Gegenstücke: die männlich-harten Karrierefrauen. Das haben nicht nur die Medien und die Werbung längst erkannt.

Das traditionelle Bild vom Mann ist also wieder gefragt: der Mann als Kämpfer und Wissender, als Wegbereiter.

Schon macht sich im feministischen Lager Angst breit: Haben wir umsonst gekämpft? Bedeutet dies nicht einen herben Rückschlag, einen tückischen Angriff und Verrat aus den eigenen Reihen? Junge Frauen, die sich einem älteren Mann zuwenden, und damit auch einer Rollenverteilung, die schon altersbedingt jeder emanzipatorischen Bemühung widerspricht – das ist Verrat! Zurück zum Patriarchat? Die Frau als naives, dummes Lustobjekt ohne Geist, Intellekt und Wissen?

Zurück zu Heim, Herd und Kind, voller Bewunderung für den Mann, der das Leben draußen meistert?
Und das alles auch noch *freiwillig*?

Kein Wunder, daß diesen Paaren eine ganze Flut von Vorurteilen, Mißtrauen und Angst entgegenschlägt.

Zu Unrecht. Wir sprachen mit Lolita-Paaren, mit Männern und Frauen aus verschiedenen sozialen Schichten und einem unterschiedlichen gesellschaftlichen Hintergrund. Sie unterschieden sich in vielem und waren sich doch in einem einig: „Diese Beziehung ist die beste, die es geben kann.“

Warum?

Sie ist grenzenlos. Sie durchbricht die Ketten aller Beziehungsmuster, aller Normen und Konventionen. Und zwar auf jeder Ebene. Auf der erotisch-sexuellen ebenso wie auf der kulturellen oder sozialen, behauptet Reinhard, 54, verheiratet mit Svenja, 20.

Und Rebecca, 24, befreundet mit Johannes, 45, sagt: *Es ist dieses Gefühl, nein, die Gewißheit, sich hingeben zu können, ohne Angst, aus Unsicherheit verletzt zu werden. Es ist dieser immense Erfahrungsreichtum, den man erhält, durch jede seiner Bewegungen, durch jeden Satz, jeden Blick.* Über den Vorwurf, diese Beziehungen bedeuten einen Rückschritt hinsichtlich der weiblichen Emanzipation, kann Julie, 25, befreundet mit Werner, 46, nur lachen: *Ich fühle mich sehr viel eher als Vorreiterin einer wahrhaftigen, geglückten Emanzipation. Ich bin nämlich so emanzipiert, daß ich es mir leisten kann, von einem Mann Erfahrung, Wissen und Unterstützung anzunehmen, ohne deshalb in irgendwelche Identitätskonflikte zu stürzen. Ich kann genießen, was immer Werner mir geben möchte.*

Und Gudrun, 34 Jahre, verheiratet mit André, 51, meint: *Nur durch ihn kann ich jung sein, meine Jugend genießen, sie ausleben. Durch ihn bin ich freier, sicherer und gelassener geworden. Meine Reife und Gelassenheit sind ganz wichtige Punkte. Ich habe gelernt, mich auf das Wesentliche zu konzentrieren, keinen Moment zu vergeuden durch sinnlose Ängste, unnötige Querelen. Das Wesentliche sind wir.*

Noch pathetischer hören sich die Bekenntnisse einiger männlicher Vertreter dieser Beziehung an. *Unsere Liebe ist das Schönste, das ich erlebt habe. Sie ist mein Lebensgeschenk, das Kostbarste. Erst durch sie und erst in diesem Alter kann ich ganz bewußt erleben und empfinden, was ich durch sie erfahre. Es ist mir unendlich wichtig, sie glücklich zu machen. Ich bin voller Dankbarkeit für dieses späte Glück.* So äußerte sich Karl, 53, der mit Sabine, 20, zusammenlebt.

Und Stefan, 52, der mit Rita, 27, verheiratet ist, erklärt: *Ich hatte ein überschaubares Leben, geregelt, gesichert, geordnet – und abgeschlossen. Dann kam sie. Und plötzlich war alles anders, war alles wieder möglich. Ihre Jugend, ihre Unbeschwertheit, ihr Optimismus, ihr Vertrauen in mich – und uns – haben mich umgehauen. Ich habe Sachen gewagt, die ich vorher als nicht mehr standesgemäß abgetan hätte. Ich habe jahrzehntelang gültige Einstellungen über den Haufen geworfen und endlich das Leben wieder gespürt. Nie kann ich ihr geben, was sie mir durch ihre Existenz und Liebe, durch ihre Natürlichkeit gegeben hat.*

Also Friede, Freude, Eierkuchen? Glück auf allen Seiten? Eitler Sonnenschein? Nicht ganz. Auch die Lolita-Beziehungen haben Schattenseiten. Probleme gibt es genug. Schwierigkeiten kommen früher als erwartet. Aber: Sie sind zu bestehen. Und – auch darin sind sich diese Paare einig: Es lohnt sich, sie zu lösen. Für diese Beziehung. Für diese Liebe.

Mit drei liebte sie ihren Großvater. Mit acht wollte sie ihren Vater heiraten. Mit 15 verehrte sie ihren Klassenlehrer. Mit 20 heiratete sie einen Gleichaltrigen.

Rebecca und David schienen tatsächlich ein ideales Paar zu sein. Zumindest nach den üblichen Maßstäben. Kein Interesse, das sie nicht teilten, keine Leidenschaft, die sie nicht gemeinsam befiel (und wieder verließ), kein Freund, der nicht sowohl ihrer als auch seiner war. Gemeinsames Glück, geteiltes Leid – eine hoffnungsvolle Partnerschaft. So jedenfalls schien es.

Es hätte alles so schön werden können – Gemeinsamkeit so weit das Leben reichte: die Uni, der Haushalt, das Jobben nebenher, die Teilnahme an den obligatorischen Demos ... Aber mitunter fiel es mir schwer, David von den anderen Kommilitonen zu unterscheiden – gefühlsmäßig. Wir waren Partner. Sicher, wir lebten in einer Verbindung, in der einer sich auf den anderen verlassen konnte, in der wir gemeinsam Schritt für Schritt die Welt und das Leben entdeckten.

Rebecca vermißte eigentlich nichts in der Ehe mit dem gleichaltrigen David. Auch die gemeinsame Sexualität ließ keine Wünsche offen. Und doch: *David machte, was ich mir wünschte oder was wir ausprobieren wollten. Nicht weniger, aber auch nicht mehr. Es hatte etwas Experimentelles an sich. Zwei Jugendliche, die fürs Leben probten, zwei Kinder, die die Liebe übten. Irgend etwas fehlte. Irgend etwas Grundlegendes ...*

Johannes begegnete Rebecca beim Ökotreff junger Hausbesitzer. Der 21 Jahre ältere Geschäftsführer einer Biovertriebsfirma sah sie ununterbrochen an, seine Bitte, anschließend mit ihm essen zu gehen, ließ keine Absage zu. Rebecca erzählt: *Es war traumhaft. In jeder Beziehung. Er führte mich in ein Restaurant. Er empfahl mir ein Menü, er bestellte und bezahlte. Er brachte eine interessante Konversation in Gang, erzählte von sich. Wieviel es in einem zwanzigjährigen Erwachsenendasein zu erleben gibt, ahnte ich bis dahin ja nicht! Er hörte zu. Aufmerksam und alles begreifend, aus der Summe seiner Erfahrungen (und eben nicht nur aus Angst, etwas nicht begreifen zu können ...). Er schlug eine Bar vor, danach ...*

Rebecca genießt an diesem ersten Abend vor allem das Gefühl, einmal die Fäden aus der Hand geben zu können, sich dem Engagement eines anderen zu überlassen.
Mir blieb wahrhaftig nur, mich führen zu lassen, einfühlsam und rücksichtsvoll. So sicher und geborgen hatte ich mich nie zuvor gefühlt. Ich genoß es sehr.

Sehr bald wird Rebecca auch klar, was ihr in der Beziehung zu ihrem gleichaltrigen Ehemann gefehlt hatte – und auch in den Beziehungen davor: sich fallen zu lassen, abwarten zu können, die spannungsvolle Frage, was passiert, was hat er mit mir vor?

Seine Sicherheit gab mir das Vertrauen: Er weiß, was er macht, er paßt auf, er tut mir nicht aus Unerfahrenheit oder Unsicherheit weh. Er wußte einfach ganz genau, wann, wo, wieviel ...

Mit dem so viel älteren Mann erlebt Rebecca einen Rausch der Leidenschaft. Sie sagt:
Ich ahnte ja nicht, wie viele Empfindungen in mir die ganze Zeit verborgen lagen, Empfindungen, die so intensiv vielleicht wirklich erst in der Sicherheit, verläßlich aufgefangen zu werden, erlebbar wurden. Er gab mir sein ganzes Leben,

seinen ganzen Erfahrungsreichtum in seiner Zärtlichkeit, seiner Leidenschaft, seiner Härte und Wärme. Ich sandte im Geist ein Dankgebet an meine Vorgängerinnen, die die Saat gestreut hatten, während mir die Ernte nun ganz allein gehörte. Ein wahrhaft göttliches Geschenk.

Immer mehr junge Frauen schwärmen von den Vorzügen, die die Liebe und das Leben mit einem älteren Mann bieten. Während die Motive des älteren Mannes ganz offensichtlich zu sein scheinen, vermutete man, daß die Absichten der jungen Frau allesamt auf der Nutzeffektebene liegen: Geldgier, Machtstreben, Einfluß, was sonst?

Die Erfüllung, versichert Rebecca, *ich bedaure die Unwissenden.*

Den großen Altersunterschied empfindet auch Julie nur als Vorteil und Bereicherung. In jeder Hinsicht ermöglicht er den legitimen Zugriff auf zwei verschiedene Generationen mit all ihren Angeboten.

Meine Welt wurde von heute auf morgen sehr viel größer, komplexer – um zwanzig Jahre überschaubarer, um genau zu sein. Seine Reife und mein jugendlicher Eifer ergänzen sich ganz hervorragend – bei jeder Gelegenheit. Und das in jeder Beziehung. Und gerade in sexueller Hinsicht. Warum auch sollte ich mich mit einem Gleichaltrigen im Kampf um die beiderseitige Befriedigung verausgaben, um mit dreißig die ersten Erfolge dieser zähen Bemühungen zu verzeichnen, wenn ich das alles doch schon jetzt haben kann?
Werner ist nun einmal etabliert. In allen Lebensbereichen. Er

hat die Zeit, die Ruhe, die Gelassenheit und auch die Lust, sich ganz auf mich zu konzentrieren, mich glücklich zu machen. Und ich genieße das. Sehr!
Etwas Besseres als ein so viel älterer Mann kann einer Frau gar nicht passieren. Davon bin ich felsenfest überzeugt. Vorausgesetzt natürlich, sie kann es genießen, sich verwöhnen zu lassen. Von einem Mann, der seine Selbstfindungs-Verteidigungskrisen hinter sich hat, der eine gewisse Reife besitzt und sich auf eine Frau und ihre Wünsche einstellen kann, ohne dabei Verlustängste zu erleiden.

Die 25jährige Schauspielerin lebte vor der Verbindung mit dem 46jährigen Werner mit einem Gleichaltrigen zusammen, kann also Vergleiche ziehen. *Diese Gelassenheit, die Werner hat, kann ein junger Mann nicht haben – er kann sie allenfalls inszenieren. Aber das ist leicht zu durchschauen.*

Eine Aussage, die dem gängigen Vorurteil so ganz und gar nicht entspricht. Die junge Frau als Nutznießerin eines sexuell erfahrenen Partners, als selbstbewußte, ja, als anspruchsvolle Frau, die ihre Bedürfnisse kennt und sie in der Beziehung zum älteren Mann am besten und schnellsten erfüllt sieht.

Ein Einzelfall? Die vielzitierte Ausnahme?

Ein Nobelrestaurant. Ansprechendes Ambiente. Ein Mann um die Fünfzig mit graumeliertem Haar betritt den Raum, zwei sehr junge Frauen an seiner Seite.

„Einen Whisky für den Herrn? Und für die Töchter vielleicht einen Cocktail?“ erkundigt sich der Kellner. „Gern“, erwidert der ältere Herr, „bringen Sie zwei Cocktails. Einen für meine Frau, den anderen für meine Tochter.“

Das ist kein Filmausschnitt, sondern eine Eheszene. Die zwanzigjährige Fachschülerin Svenja ist seit zwei Jahren mit Reinhard, 54, verheiratet und dadurch Stiefmutter der 26jährigen Tochter aus der ersten Ehe ihres Mannes.

Szenenwechsel: dieselbe Frau, derselbe Mann – eine festliche Gesellschaft. Partygemurmel.

„... schau dir nur dieses junge Flittchen an ... Die hat's doch nur auf sein Geld abgesehen, da gehe ich jede Wette ein ...“

„... daß er sich nicht schämt! Also für mich ist er richtig unglaubwürdig geworden, seit diesem Fauxpas. Er macht sich doch lächerlich ...“

„... die ist ja noch jünger als seine eigene Tochter ...“
„... früher hätte man ... skandalös ...“

„... kommt sich ja ganz toll vor hier, nur weil sie jünger ist. Natürlich im hautengen Kleid! Will wohl alle Männer verrückt machen!“

„... seine Frau, daß ich nicht lache. Von der Schulbank zum Standesamt ... Wartet nur ab, in zwei Jahren läßt sie sich scheiden und hat ausgesorgt ...“

Neid und Ablehnung älterer Frauen gehören für Svenja zum Leben, seit sie es mit Reinhard teilt. *Diese Partys, die für Reinhard geschäftlich wichtig sind, sind für mich eine einzige Qual. Und diese Frauen bilden sich doch tatsächlich ein, ich genösse es, von ihren Männern angestarrt zu werden. Einerseits bin ich völlig isoliert, andererseits stehe ich ständig im Mittelpunkt. Es ist noch gar nicht lange her, da litt ich darunter. Jetzt kann ich besser damit umgehen. Doch ich hätte nie gedacht, daß die Eifersucht und Ablehnung der älteren Frauen (in Reinhards Bekanntenkreis sind ja alle um die Fünfzig) so vehement sind.*

Zum Glück gibt es auch andere Szenen in Svenjas Ehe. Szenen, die sie das vergessen lassen.

„Mein kleines Mädchen", flüstert der Mann ergriffen, betrachtet ihren jungen Körper.
Ganz langsam küßt er jeden Millimeter ihrer Haut, streichelt sie sanft, zärtlich, beinahe so, als habe er Angst, sie zu verletzen.

„Mein Lebensgeschenk, du!" flüstert er gerührt, um sie dann – in dieser endlosen Nacht – immer und immer wieder in die Wonnen höchster Lust entschweben zu lassen. Mit diesen weichen, erfahrenen Händen, die nicht fordern, nur geben.

Die Hingabe der Geliebten empfängt er wie ein Geschenk, das Lust und Dankbarkeit gleichermaßen weckt, was seinen Ausdruck in weiteren Liebkosungen findet.

Das klingt nach Kitschroman, ich weiß schon, sagt Svenja und fährt selbstbewußt fort: *Die Ehe mit Reinhard – unsere Liebe – ist wie ein Traum. Ich hätte nie geglaubt, daß es so etwas geben kann. Sicher, als junges Mädchen träumt man von den großen Verführern, den endlosen Nächten voller Zärtlichkeit und Lust. Aber daß diese Träume jemals wahr werden würden, hätte ich nie und nimmer für möglich gehalten. An Reinhards Seite fühle ich mich wie eine Göttin, eine Königin. Er empfindet mich tatsächlich wie einen Schatz oder wie ein Lebensgeschenk. Das sagt er mir oft. Sein größter Wunsch scheint es zu sein, mich glücklich zu machen. Ja,* sagt sie versonnen, *es ist schon toll.*

Reinhard spricht über seine Liebe zu Svenja eher analytisch. *In unserer Beziehung erhält jeder vom anderen das, was er nicht mehr beziehungsweise noch nicht hat,* erzählt er. *Svenja gibt mir das Unschuldige zurück, das Ungezeichnete, die Jugend, und sie erhält durch mich die vorweggenommene Erfahrung eines halben Lebens. Das macht natürlich auch die sexuelle Anziehungskraft aus. Einen besseren Austausch gibt es nicht – etwas Reizvolleres oder Erotischeres kann es nicht geben. Bei uns ist einfach alles möglich, unser sexueller Spielraum ist grenzenlos.*

Sex, ist Gudruns (34) prompte Antwort auf die Frage, was für sie das Beste an der Beziehung mit dem 17 Jahre älteren André darstellt. *Ich will im Leben und in der Sexualität keinen Partner, der nur auf dem richtigen Weg ist. Ich will einen, der bereits angekommen ist. Nur dann kann ich ohne Angst herumexperimentieren, ausprobieren und spielen. Ich kann ich selbst sein, wild und scheu, verspielt und fordernd. Zudem ist es natürlich ein tolles Gefühl, den Partner zu inspirieren. Allein mein junger Körper regt André immer wieder auf, ich kann gelassen sein, brauche nicht in Panik zu geraten, um toll zu sein, es richtig zu machen, schnell zu reagieren, oder langsam genug zu sein . . . Ich lasse mich sehr gern belehren, von seinen wissenden Händen in die Sphären grenzenloser Lust führen . . .*

2. Kapitel

Am Anfang war der Neid

Jeder ist gerührt beim Anblick zweier Liebender. Jeder kennt dieses Gefühl. Den einen erfüllt es mit Wehmut, den anderen mit Freude. Liebe ist jedoch immer ein gesellschaftlich anerkanntes und seit Menschengedenken tausendfach beschriebenes, allemal toleriertes, ja sogar erwünschtes Gefühl.

Einem Lolita-Paar geht es zunächst nicht anders als den Millionen von Liebespaaren vor ihm: Es schwebt im siebten Himmel, befindet sich im sogenannten Ausnahmezustand, ist euphorisch, voller Tatendrang und Energie, aber auch sensibel, verträumt, verletzlich.

Daß der Altersunterschied zwischen beiden Partnern um einiges größer ist als bei „normalen" Paaren, stört die beiden keineswegs. Diese Tatsache erhöht eher noch den Reiz des anderen, eröffnen sich doch so ganz andere Welten und Möglichkeiten. Sehr schnell wird ihnen klar, daß diese Beziehung schon allein aufgrund des Altersunterschiedes etwas Besonderes hat: besondere Chancen und besondere Schwierigkeiten.

Eine Schwierigkeit trifft unser verliebtes Paar sogar sehr schnell, nämlich gleich zu Beginn der Beziehung. Und sie kommt – wie sollte es auch anders sein? – von außen. Sie drängt sich mit Macht auf und trifft das Paar überdies zu einem sehr unpassenden Zeitpunkt. Die Rede ist von Vorurteilen, Klischees und Tabus, denn die Beziehung einer jungen Frau mit einem sehr viel älteren Mann löst gleich eine ganze Serie von Vorurteilen aus.

Warum?

Zunächst einmal gilt es zu bedenken, daß Tabus, Mißtrauen und Vorurteile einen gemeinsamen Ursprung haben: Angst.

Nun wird man sich die Frage stellen, was in aller Welt an diesem Liebespaar derart beängstigend sein soll. Die Antwort ist vielleicht verblüffend, aber denkbar einfach: Es liegt an den Besonderheiten, die dieser Verbindung innewohnen.

Besonderheiten – der Name sagt es schon – spielen sich immer auf unbekanntem Terrain, im Fremden ab. Das Besondere grenzt an das Absonderliche.
Etwas Besonderes zu sein oder zu erleben ist an sich nichts Schlechtes – eher ein erwünschter Zustand: Wer ist schließlich gern ein Produkt der Masse, ein austauschbares Teil? Wer ist gern „normal"?

Neues und Fremdes wirkt beinahe immer ambivalent. Es fasziniert – und ängstigt zugleich.

Es fasziniert natürlich durch seine Andersartigkeit, seine Unabwägbarkeit und wohl auch, weil in jedem von uns der Wunsch nach Erneuerung und Veränderung schlummert. Wer bewundert nicht zumindest den Mut eines grell geschminkten Punker-Mädchens, wer sähe sich nicht gern als einzigartiges, unverwechselbares Wesen, als Besonderheit in der Masse.

Aber wir wissen, diese Besonderheit hat ihren Preis. Anderssein bringt eben nicht nur das den eigenen Narzißmus befriedigende Moment einer mutmaßlichen Einzigartigkeit mit sich. Anderssein heißt immer auch unzugehörig zu sein, allein zu sein, isoliert zu sein. Und dieser Preis ist den meisten von uns zu hoch. Also bleiben wir in den bewährten, zuverlässigen, wenn auch voraussehbaren Gefilden der „Normalität" – nicht ohne einen wehmütig-neidischen Blick auf jeden zu werfen, der das Wagnis einging, das uns zu riskant erschien.

Wir sagten, Fremdes und Neues ängstigt. Warum das so ist, ist leicht zu verstehen. Alles Neue, Fremde, Andersartige droht Veränderungen auszulösen. Und Veränderungen bedeuten oftmals die Aufgabe jahrelang gültiger Ordnungen und Wertvorstellungen. Es bedeutet zumeist die Umstellung gängiger Lebensformen und altvertrauter Rollenverständnisse.

Und weil das Leben in der heutigen Zeit an sich schon ständig Veränderungen und Erneuerungen mit sich bringt, möchte man sich in bestimmten Bereichen seiner Existenz, im innersten Kern seines Daseins, allzugern auf Alterprobtes verlassen. An irgend etwas muß man schließlich festhalten in dieser hektischen Zeit, in der heute wertlos ist, wofür man gestern noch ein Leben voller Entsagung in Kauf nahm.

Eine Liebesbeziehung, die anders ist als andere, als „normale“, als selbst erfahrene und somit vertraute (einschätzbare) Beziehungen, macht also angst.

Denn gerade die Liebe und ihre (festgelegten) Erscheinungsformen sind ein Bereich, den man gern abgesichert, in seinen Grenzen bewahrt hätte, in diesen Zeiten ständigen Umdenkens und Umlernens.

Eine Partnerschaft, die über die Grenzen des „Normalen“, also Tolerierten, hinaustritt, muß also abgelehnt werden. Weil sie Angst auslöst, indem sie fremd wirkt, auf keinen eigenen Erfahrungen beruht und dadurch nicht einschätzbar ist, nicht einzuordnen in gängige Muster.

Dabei spielt es überhaupt keine Rolle, wodurch die Abnormität des Paares gegeben ist. Ob die Verbindung nun mit einem ausländischen Partner, einem Behinderten, einem Straffälligen oder einem sozial Ausgegrenzten eingegangen wurde – der Angst-Abwehr-Mechanismus funktioniert immer gleich.

Und die Liebesbeziehung zweier Menschen, die vom Alter her Vater und Tochter sein könnten, liegt zweifellos außerhalb der Norm, sie wirkt fremd, sogar etwas anrüchig. Sie macht angst und muß deshalb abgelehnt werden. Das Lolita-Paar steht also gleich am Anfang vor einer Mauer von gesellschaftlichem Mißtrauen und Ablehnung.

Neid – Klischee – Tabu: Das sind Phänomene, die eng miteinander verbunden sind. Das eine erzeugt die anderen. Eines würde geschwächt oder gar absterben, wenn es von den anderen nicht immer wieder neu belebt würde. Wenn man dem inneren Zusammenhang dieser Kette nachgeht, kommt man unweigerlich auf die geheimen Bilder, Wünsche und Assoziationen, die das Thema: „älterer Mann und junge Frau" so schwierig machen. So verführerisch sie auf der einen Seite sind, so fragwürdig sind sie auf der anderen.

Am Anfang also steht der Neid. Er trifft zunächst einmal den älteren Mann in dieser Beziehung. Und ist an sich auch nicht schlimm – im Gegenteil.

Nehmen wir an, er ist vierzig und sie ist zwanzig. Kein Zweifel, zunächst empfindet er einen ganz gewöhnlichen Stolz. Dieser Stolz wird unterstützt von der (heimlichen) neidvollen Reaktion seiner Umwelt – dem Neid der gleichaltrigen Männer.

Der Neid der anderen Männer ist leicht zu verstehen. Sie sind neidisch, weil einer etwas hat, was ihnen selbst versagt bleibt. Hier ist der Neid noch mit erotischen und sexuellen Untertönen vermischt und deshalb besonders wirksam. Daran ist nichts Besonderes.

Und auf dieser Ebene macht der Neid ja auch noch Spaß. Hier geht es um den alten Rivalitätskampf, wie er zwischen allen Männern stattfindet, besonders zwischen denen, die davon nichts wissen wollen. Hier hat man einen kleinen Sieg errungen. Einen Sieg, den man vorzeigen kann! Für eine gewisse Zeit wird die junge Frau auch so etwas wie eine Trophäe, die der Sieger munter präsentiert. Es ist alles nicht ganz ernst gemeint – bleibt immer im Bereich des Spielerischen. Im Bereich des Spielens mit sozialen Kontakten, Anerkennung und Eitelkeiten.

Dieser Neid und der kleine Triumph über den Neid der anderen halten sich an die Spielregeln, die es bei sozialen Kontakten nun einmal gibt. Jeder weiß es, wenn er nicht zwanghaft die Augen davor verschließt.

Dieser Neid ist offenbar, er wird eingestanden – mag er sich auch etwas indirekt ironisch oder herablassend äußern. Er bleibt in jedem Fall im Bereich des sozial Aussprechbaren, des Sagbaren. Keiner wird ausgestoßen oder ausgegrenzt. Alles geschieht mit jenem gewissen Augenzwinkern, mit dem Menschen vernünftigerweise auch ihre eigenen Schwächen eingestehen, um die Kommunikation am Leben zu erhalten.

Aber damit wird schon eine Grenze abgetastet, hinter der härtere soziale Verbote und wirkliche Tabus lauern. Mit dem Augenzwinkern und den Anzüglichkeiten („Die könnte ja deine Tochter sein") wird bereits ein Kreis von Assoziationen betreten, die tiefer zielen und nicht mehr ausgesprochen werden dürfen.

Die ganz junge Frau setzt – vielleicht mit mädchenhaftem Aussehen, vielleicht mit verführerischer Kindlichkeit – eine Kette von Phantasien in Gang, die in unserer Gesellschaft mit einem harten Tabu belegt sind. Diese beiden, der ältere Mann und die Kindfrau, betreten damit bereits das Assoziationsfeld des Inzests.

Hinter der verlockenden, kindlichen Weiblichkeit wird das Kind erkennbar, die Sinnlichkeit der Kinder und ihre Verführbarkeit: ein Bezirk, der tief im geheimen die Phantasie aller Männer anspricht und deshalb mit einem strengen sozialen Verbot, mit einer klaren Drohung belegt ist.

Mit einem Mal taucht in dem Augenzwinkern, der spöttischen und selbstironischen Kommunikation, dem Changieren zwischen Neid und Bewunderung eine dunkle Störung auf. Sie wird nicht ausgesprochen, und das macht sie so bedrohlich.

Jeder Mann, der sich mit einer sehr viel jüngeren Frau verbindet, kann das kalte Funktionieren der sozialen und sexuellen Zensur am eigenen Leib zu spüren bekommen. Natürlich wußte man immer schon, daß es so etwas gibt. Unsere Gesellschaft hat die sexuelle Aufklärung nur sehr oberflächlich betrieben. Hinter dem offenen Gespräch blieben die alten Zensurmechanismen nach wie vor wirksam, gerade weil es inzwischen erlaubt ist, über die Sexualität zu sprechen. Es scheint, als sei alles erlaubt, als seien alle Verbote gefallen. Was nun noch aus dem Erlaubten heraustritt, muß also ganz unaussprechlich abnormal, unmenschlich und abgründig sein. Deshalb wird die kleinste Abweichung doppelt und dreifach ausgegrenzt. Dieses heimliche Funktionieren der Zensur macht das Tabu mannigfaltig spürbar.

Wir sagten, daß der Neid der anderen Männer leicht zu verstehen ist. Aber hinter diesem Neid – einmal abgesehen von der erotisch-sexuellen Komponente – verbirgt sich noch ein anderes gesellschaftliches Tabu. Es wird ebenfalls nicht ausgesprochen, denn es würde Unbehagen und Peinlichkeit verbreiten, würde unweigerlich die Kommunikation zerreißen. Dieses Tabu spricht nicht so verborgene und bedrohliche Zonen an wie das andere, handelt aber dennoch von etwas Unangenehmem. Man redet nicht gern darüber, obwohl es jeder kennt und fürchtet. Es hat einen ehrwürdigen Namen: das Alter.

Da ist also ein Mann, vierzig, fünfzig oder gar sechzig Jahre alt, der mit einer Frau zusammenlebt, die zwanzig oder dreißig Jahre jünger ist. Sie eröffnet ihm noch einmal einen neuen Zugang zur Welt, aber auch zu Wahrnehmungen, zu Hören und Sehen, zu Vorlieben und Abneigungen ganz junger Menschen.

Natürlich denkt jeder Vierzig- oder Fünfzigjährige, seine Wahrnehmungen und seine Abneigungen, sein Hören und Sehen seien gar nicht so verschieden von denen Jüngerer. Aber das stimmt nicht. Das merkt er auch. Und zwar sehr schnell. Und selbst wenn es stimmen würde, fände er keinen sozialen Ort, fände sozusagen keinen Raum, in dem er dieses Hören und Sehen auch erleben und darstellen könnte. Wenn Männer in mittleren Jahren sich für jugendlich halten, bilden sie sich das nur ein. Ihre „Jugendlichkeit“ wird niemals konkret. Sie können sie eben nicht in all den Formen äußern, die jungen Menschen so mühelos zur Verfügung stehen: durch Tanzen in der Disco, durch Abenteuerurlaube, das Ausleben allerlei „verrückter“ Ideen. Ähnlich ist es bei Lebensträumen: Sie haben sich entweder bereits erfüllt, oder man hat anständig und erwachsen darauf verzichtet. Und genauso ist es mit Liebesempfindungen: Jeder emotionale Überschwang, der bei einem Zwanzigjährigen charmant genannt wird, wirkt bei dem älteren Mann nur peinlich und unglaubwürdig.

Ganz anders oder teilweise anders ist es, wenn der ältere Mann mit einer Zwanzigjährigen zusammen ist. Es scheint so, als habe er damit eine Art Erlaubnisschein erhalten, der besagt, daß er sich noch einmal ganz vorbehaltlos, ganz unreif, ganz direkt und mit viel Überschwang äußern darf.

Warum ist das so?

Ihr jugendlicher Überschwang, ihre kindlich vorbehaltlose Freude und ihr abgrundtiefes Leid, ihre Vorbehaltlosigkeit wollen und sollen ja auf eine adäquate Weise beantwortet werden. Wenn man heftiger und vorbehaltloser geliebt wird (als dies für das Alter eigentlich erwartet wurde), darf man eben auch heftiger und vorbehaltloser reagieren. Ihr Vermögen zu Ausdruck und Empfindung reißt noch einmal ein Empfindungsfeld auf, in das auch er hineingezogen wird, das auch ihm erlaubt, stürmischer, farbiger und sogar kitschiger zu sein. Die Gefühlsnähe zu der jungen Frau legitimiert ihn. Und natürlich gilt auch hier die Erfahrung: Die Gefühle, die man besonders intensiv äußert, werden auch besonders intensiv erlebt.

Es ist ja keineswegs so, daß die Tiefe dieser Erfahrung völlig unabhängig davon wäre, wie man sie ausdrücken darf. Ausdruck und Empfindung gehören zusammen und verhalten sich wechselseitig: begrenzend oder verstärkend. Er darf also seine Gefühle nicht nur „jünger" ausdrücken, sondern er empfindet auch „jünger".

Es ist also ganz einfach, und die neidischen Männer in seiner Umgebung spüren oder ahnen es: Die Nähe zu ihr macht den Mann jung. Und dieses Wissen setzt in jedem, der sich selbst dem Alter näher weiß, als er es eigentlich möchte und als er sich in Wirklichkeit fühlt, Neidreaktionen in Gang. Der da darf noch einmal jung sein. So jung, wie der Neidische sich selbst in seinem Innersten empfindet. Der da darf etwas ausdrücken, was eigentlich nicht nur für ihn, sondern auch für den Neidischen gelten müßte.

Jung sein! Das hat einen verführerischen Glanz. Die Kehrseite dieses Glanzes ist die Angst vor dem Alter – und deren verborgenes Motiv ist die Angst vor dem Tod.

Alter und Tod gehören zusammen. Und der Tod ist das größte Tabu unserer Kultur. Dieses Tabu wirkt sich auf die Vorstellung vom Alter aus und reißt sie in den Kreis des Tabus hinein. Zwar weiß man von dem anderen und auch von sich selbst, daß man älter wird und auf den Tod zueilt, doch aussprechen darf man das nicht.

Und damit bekommt dieser spielerische Neid, von dem vorher die Rede war, einen peinlichen Anstrich. Ein Teil darf eben nicht ausgesprochen werden, obwohl beide Seiten darum wissen. Das bedeutet nichts anderes, als daß der soziale Austausch immer von einem geheimen Wissen und einer geheimen Achtsamkeit, von einer unausgesprochenen Vorsicht durchsetzt bleibt.

Dieses Verhalten entspricht dem von zwei Menschen, die etwas Unerträgliches miteinander erlebt und beschlossen haben, den Kontakt trotzdem fortzusetzen. Das ist möglich, aber es wird eben nie wieder so werden, wie es vorher war. Es gibt nun dieses ausgegrenzte Thema, das jede Minute prägt, die man zusammen verbringt. Und ganz ähnlich ist es seltsamerweise, wenn indirekt oder durch die Präsenz der jungen Frau das Tabu „Alter" berührt wird – und ausgegrenzt werden muß. Das Reden fällt schwerer, ein störender Ton schwingt mit. Diese Störung greift auf alle sozialen Kontakte über. Die Gegenwart der jungen Frau wirkt wie eine ungewollte Ausgrenzung. Wenn die beiden nicht da sind, wirkt das auf andere wie eine Befreiung. Sie fühlen sich erleichtert, die Gespräche fließen wieder leichter.

Aber gehen wir von den verborgenen Motiven der Umwelt, die sich ganz und gar wohl nur in einer ausführlichen Tiefenanalyse erschließen würden, zurück zu den ausgesprochenen Vorurteilen, Belastungen und Einwänden – sie machen das Leben schon schwer genug!

Denn Vorurteile und Klischees – so absurd und unwahr sie auch immer sein mögen – haben eine teuflische Nebenwirkung. Sie berühren die, gegen die sie sich richten, gerade dann, wenn die sich dagegen wehren.

Die Art und Weise, in der andere Menschen reagieren, beeinflußt wohl jeden von uns. Keiner ist frei davon. Schon gar nicht die Partner einer noch jungen, noch unsicheren, leicht störbaren und empfindlichen Beziehung.

Wer hört nicht gern ein anerkennendes Wort über seinen Partner? Wer genießt ihn nicht, den bewundernden, ja neidischen Blick der anderen?

Was hier im positiven Sinne funktioniert, was also die eigenen Gefühle, den persönlichen Stolz über den neuen Partner steigern kann, wirkt auch im umgekehrten Sinne. Dann allerdings herabsetzend, verunsichernd, ernüchternd – oder gar zerstörerisch.

Ein Liebespaar, das – aus welchen Gründen auch immer – nicht den gängigen Normen entspricht, wird also gleich zu Anfang einer großen Belastungsprobe ausgesetzt. Und das geschieht zu einer Zeit, in der bei diesen Menschen alle Sinne aufs empfindlichste störbar sind, eigentlich gar kein Platz mehr dazusein scheint für ein lästiges Sich-mit-der-Umwelt-Auseinandersetzen. Zu einer Zeit, in der der Himmel voller Geigen hängt, die Realität ausgeschaltet wird, die ganze Welt so viel schöner aussieht, als sie in Wirklichkeit ist...

Der Sturz aus den rosaroten Wolken kommt bei diesem Paar also schnell – und ohne Ankündigung.

Die erste deutliche Ablehnung kommt nicht unbedingt von wirklich Fremden. Schließlich gibt es ja die liebe Familie, die Verwandtschaft.

Rebecca, 24 Jahre, Journalistin, seit einem Jahr mit einem 45jährigen befreundet, erzählt:
Ich war so unendlich verliebt in Johannes und von Anfang an sicher: Das ist es. Das habe ich gesucht. Das ist der Mann, den ich liebe, der Mann, mit dem ich alt werden möchte. Mir war es ganz ernst, und ich spürte, daß es ihm nicht anders ging. Ich erlebte wirklich die Erfüllung schlechthin.
Doch wo so viel Glück ist, lassen die Neider nicht lange auf sich warten – wie sollte es auch anders sein. Dabei hatte ich mir in diesem Ausnahmezustand vollkommener Verliebtheit gar nicht vorstellen können, daß irgend jemand etwas anderes tun könnte, als mir zu diesem Mann und zu diesem Glück zu gratulieren.
Fehlanzeige. Die Umwelt stand kopf – allen voran meine immer besorgten Eltern. „Der nutzt dich aus", wußte meine Mutter. Und auf meine irritierte Frage, wieso denn das, erklärte sie: „Der benutzt deine Jugend, Kind. Und dann läßt er dich hängen." Durch diese düstere Prophezeiung tief gebeugt, ließ sie mich stehen – was mein Vater für einen gewaltigen Aufstand nutzte. Er fühlte sich durch meine Partnerwahl in vielfacher Hinsicht hinterfragt und war anscheinend nicht

gewillt, dem „Gegner" seinen Platz kampflos zu überlassen. „Vergreift sich an meiner Tochter", schrie er und argwöhnte, „daß er eine Gleichaltrige wohl nicht von seinen Fähigkeiten überzeugen konnte". Jedenfalls wollte er „so einen" nicht in seinem Hause sehen, was nicht heißen sollte, daß er etwa Angst hätte, sich mit diesem Menschen zu messen. Aber so etwas ginge nun doch zu weit.

Und das war es dann gewesen. Ich war des Hauses verwiesen, die elterliche Unterstützung mit sofortiger Wirkung gestrichen, und meine Euphorie hatte einen ersten kleinen Dämpfer bekommen.

Aber klar, dachte ich, Eltern sind eben Eltern. Und irgendwie ist es ja schon verständlich, daß sie sich unbehaglich fühlen, wenn die Tochter ihnen einen Mann präsentiert, der genauso alt ist wie sie selbst. Ich war ganz sicher: meine Freunde, die fänden meine Partnerwahl toll, unkonventionell – und schon deshalb interessant, und meine Freundin würde mich ganz sicher beneiden.

Doch meine sogenannten Freunde reagierten entsetzt und konfus. Mein bester Freund fragte, warum es denn ausgerechnet einer aus der Generation der eigenen Eltern sein mußte. „Also wirklich!"

Trotzdem ließ ich mich nicht beirren. Ich war verliebt, schwebte auf rosaroten Wolken und hatte nicht vor, so schnell wieder herunterzukommen. Meine letzte Hoffnung auf meiner Odyssee der Bestätigungsversuche, meine beste Freundin, setzte dann dem Ganzen den Punkt auf: „Von deiner rosaroten Wolke stürzt du schnell", meinte sie, „nämlich dann, wenn dieser Typ seine Midlife-crisis hinter sich hat. Glaub es mir!"

Das tat ich natürlich nicht. Sondern fühlte mich nur noch darin bestärkt, daß von Gleichaltrigen wirklich kein Ver-

ständnis zu erwarten sei. Aber ich hatte ja ihn. Er hatte sicher viel interessantere Freunde, und die empfänden es bestimmt als willkommene Abwechslung, mal frischen Wind in ihren Kreis zu bekommen. Dachte ich.

Neues und Fremdes macht angst. Es ist die eigentlich paradoxe Angst davor, durch die bloße Existenz eines außergewöhnlichen Menschen oder Verhaltens in der Sicherheit seines eigenen Verhaltens gefährdet zu sein. Aber wie einleuchtend sich hier die Unsinnigkeit dieser Angst auch offenbart, sie beherrscht doch große Teile unseres sozialen Verhaltens und Denkens und ist der Ursprung aller Tabus und Vorbehalte, von denen kein Mensch ganz frei ist.

Natürlich schürt das Lolita-Paar in den Kreisen der jüngeren Generation, also bei den Altersgenossen der jungen Frau, andere Ängste, stößt an andere Tabus als in der sozialen Umgebung des älteren Mannes.

Die Präsenz des älteren, reifen Mannes im Freundeskreis der jungen Frau, der wohl zum größten Teil aus jungen Männern und Frauen besteht, berührt einige Ängste und Grenzen – auch wenn uns das zunächst abwegig erscheinen mag.

Aber tatsächlich ist es ja so, daß diese jungen Menschen sich gerade erst von der Generation der Eltern gelöst haben und eigene Lebensanschauungen und Verhaltensformen entwickeln. Kein Wunder, daß es in dieser Phase schwerfällt, einen älteren Mann in den eigenen Reihen zu akzeptieren.

Hinter den Widerständen steckt aber auch noch eine andere Angst, nämlich die Angst der Männer, mit einem anderen Mann verglichen zu werden. Diese Angst ist bei jungen, noch unsicheren Männern an sich schon sehr stark – der Vergleich mit einem, den man nicht einschätzen kann, und der in vielen Bereichen so offensichtlich überlegen scheint, wirkt dreifach beängstigend. Da hat man schon lieber einen Kontrahenten „aus den eigenen Reihen". Da kennt man die Spielregeln. Da herrschen faire Vergleichsmöglichkeiten, da weiß man, mit wem und mit welcher Lebensart man es zu tun hat. Die Ablehnung des älteren Partners einer Freundin – oder zumindest die starke Zurückhaltung der jungen Menschen – ist durchaus verständlich, hat doch der ältere Mensch für junge Leute eine gewisse Autoritätsfunktion, wie sie es im Elternhaus oder in der Schule erfahren haben. „Respektspersonen" gilt es von daher zu bekämpfen, zu besiegen oder zu umgehen. Eine solche Person als Freund anzusehen, vorbehaltlos – das braucht sicher Zeit.

Ganz andere Gründe hat die Ablehnung des älteren Mannes seitens der (etwa gleichaltrigen) Eltern oder Verwandten der jungen Frau. Da ist von Sorge die Rede, von der „Angst, dieser Mann werde die Tochter nur ausnutzen". Da spiegelt sich aber auch ganz deutlich eine Vergleichsangst anderer Art wider. Sie läuft auf die Angst hinaus, einen bislang gesicherten Platz, eine gefestigte Stellung im Leben der Tochter räumen zu müssen.

Wir haben schon vom Tabu Alter gesprochen. Von der Angst, die bei diesem Tabu mitschwingt – der Angst vor einem baldigen Tod. Diese Angst kennt fast jeder Mensch, der über vierzig ist. In den meisten Fällen handelt es sich nicht einmal so sehr um die direkte Angst vor dem Tod – sondern vielmehr um die Angst vor dem unwiderbringlich Verlorenen, dem Versäumten. Es ist ein Gefühl, das man allzugern verdrängt, vergißt.

In der Umgebung Gleichgesinnter und Gleichaltriger ist das auch relativ leicht möglich. Jeder von ihnen kennt schließlich dieses Gefühl, diese Angst, jeder befindet sich in der zweiten Lebenshälfte, erlebt dieselben Einschränkungen, hat dieselben Vorurteile, macht dieselben inneren und äußeren Veränderungen durch, die das Alter mit sich bringt.

Wir haben bereits vom leicht verständlichen Neid der älteren Männer gesprochen. Dieser Neid resultiert nicht nur daraus, daß man die junge Frau begehrt – viel wichtiger scheinen die verbesserten Lebensperspektiven zu sein, die dem älteren Partner allein durch die Verbindung mit der Jüngeren zuteil werden.

Ganz anders verhält es sich mit den Reaktionen von älteren Frauen auf solch eine Lolita-Beziehung. Von Neid kann man bei ihnen nicht sprechen. Neid ist etwas Direktes, etwas Objektbezogenes. Er hat immer einen Hauch von „Was der hat, will ich auch!“.

Etwas anderes passiert bei älteren Frauen, die sich in ihrem engeren Kreis mit einer jungen Frau konfrontiert sehen. Was in ihnen geschieht, muß zutiefst aufwühlend sein. Anders kann man sich die vielen Berichte über geradezu bestürzende Reaktionen wohl kaum erklären.

Wir haben versucht, eine Antwort zu finden, eine Erklärung für diese rigide Ablehnung, für die große Angst, die dahinterstecken muß. Die von uns dazu befragten Frauen zeigten sich jedoch wenig mitteilsam, fühlten sie sich doch anscheinend in einem wunden Punkt getroffen. So viel aber wurde aus den kargen Antworten deutlich: Die Angst vor dem Alter, vor dem Verlust der Attraktivität ist bei Frauen in unserer Gesellschaft stark ausgeprägt. Nur unter Aufwendung aller inneren Kräfte scheint es ihnen möglich zu sein, ihr Leben trotz dieses nicht abwendbaren Umstandes noch einigermaßen zu genießen. Das klappt, solange sie sich unter Gleichaltrigen bewegen. Solange sie den scheinbar unwiederbringlichen Verlust ihrer Jugend nicht vor Augen haben. Doch wenn ein Mann aus ihrem Bekanntenkreis eine deutlich jüngere Frau wählt, ist es nicht länger möglich, die Augen zu verschließen.

Das Gegenstück zu dem Rivalitätsdenken des älteren Mannes, der einen Gleichaltrigen mit einer jungen Frau sieht, ist die Eifersucht der älteren Frau. Es handelt sich nicht nur um die Eifersucht, die in der Angst um den eigenen Mann begründet ist. Die älteren Frauen erleben vielmehr das kränkende Gefühl, eine Absage erhalten zu haben. Der Bekannte wählte eine viel jüngere Frau.

Das kann nichts anderes heißen, als daß er Frauen seines Alters unattraktiv, nicht begehrenswert findet. Ein offener Schlag ins Gesicht. Die grausame Bestätigung seit Jahren gehegter Ängste. Die Frauen schließen daraus, daß sie nicht länger zu den Frauen der begehrenswerten Generation zählen. Sie gehören nun zu den Alten. Zu denen, mit denen man gute Freundschaften schließen, kluge Gespräche führen, bei denen man Rat suchen kann, aber eben nicht zu denen, vor deren Jugend und Schönheit ein Mann in die Knie geht. Da hilft es auch nicht weiter, daß die Psychologie verständnisheischend mit dem tröstenden Begriff von der Midlife-crisis beschwichtigen will, indem sie auf eine „vorübergehende Verirrung" des Mannes verweist.

Die Tatsache, daß ein gleichaltriger Mann eine so viel jüngere Partnerin vorgezogen hat, wirkt ernüchternd und beängstigend. Die junge Frau, die in den Kreis der Älteren eintritt, wird zum Inbegriff all dieser Ängste. Die Ältere wird sie ablehnen (müssen), um ihre Ängste verdrängen zu können.

Eine 45jährige Frau, mit der wir sprachen, sagte über ihre 20jährige Schwägerin: *Es ist wie der Goldklumpen, der ständig vor einem liegt und von dem man weiß, man wird ihn nie erreichen, ist aber gezwungen, ihn anzusehen.*

Die sozialen Kontakte und Beziehungen des älteren Mannes werden sich dadurch verändern. An einer gesellschaftlichen Verbindung mit ihm, dem Abtrünnigen – gar noch zusammen mit der Jüngeren – ist kaum zu denken.

Wer holt sich schon gern die Konkurrenz ins Haus und setzt sie vor den eigenen Mann – noch dazu, wenn sie alle Trümpfe in der Hand hält? so erklärte eine 50jährige den Kontaktabbruch mit einem langjährigen Freund, der jetzt eine 28jährige liebt.

Erstaunlich ist, daß offenbar völlig unerheblich ist, wie die junge Frau – als Person – wirklich ist. Sie könnte sogar weniger hübsch, weniger intelligent, von geringerer sexueller Ausstrahlung sein als die ältere Frau. Jugend – das ist das Reizwort, der Joker, den sie besitzt. Und mit dem sie so verschwenderisch umgehen kann – während die Ältere dafür tagtäglich unermeßliche Anstrengungen in Kauf nimmt, um sich mühsam ein wenig Jugendlichkeit zu erhalten.

Sabine, zwanzig Jahre, hat diesen Joker, hat die Jugend. Ihre Erfahrungen im Freundeskreis ihres Partners und in der Familie beschrieb sie folgendermaßen:
Ehrlich, ich hätte nie geglaubt, was für ein Spießrutenlauf mir da bevorstand. Als wenn ich mich mit einem Aussätzigen oder einem Verbrecher zusammengetan hätte! Meine Eltern weigerten sich schlicht, ihn kennenzulernen. Überhaupt: geschieden! Das an sich war schon ein Skandal. Mit meinen damaligen Freunden kam ich auch nicht mehr klar, Sie kamen mir plötzlich unheimlich kindisch vor. Ich hätte mich geschämt vor Karl, auch wenn das gemein klingt. Aber eine Freundschaft wäre da sowieso nie zustande gekommen. Nicht, daß Karl den total Überlegenen herauskehren würde – es sind vielmehr die jungen Leute, die gleich auf Abwehr schalten: „Da kommt so einer aus der Generation der Eltern, der sowieso nichts mehr mitkriegt, der kann uns gar nichts erzählen . . .“

Ich hoffte dann, daß es mit seinen Bekannten besser klappen würde. Die sind ja alle reifer, aufgeklärter, toleranter... Pustekuchen!
Da wollten mich die Frauen nicht, die alle meine Mütter hätten sein können.

Einmal war ich bei einem Paar zum Essen eingeladen. Eine einzige Katastrophe. Ich hatte mich schon extra bieder angezogen, aber das schien nichts zu nützen. Die Frau des Hauses betrachtete jede meiner Bewegungen mit offener Feindseligkeit, richtig giftig war sie, und sprach ständig von Karls geschiedener Frau.
Währenddessen verschlang mich ihr Mann mit lüsternen Blikken, was seiner Frau natürlich nicht verborgen blieb und alles nur noch schlimmer machte.
Ich habe das ein paarmal erlebt. Diese Feindseligkeit, diese Eifersucht der älteren Frauen – schon allein aufgrund der Tatsache, daß ich eben so viel jünger bin. Da kann man gar nichts machen. Da geht nichts mehr.
Wir sind echt isoliert. Und neue Freunde zu finden ist schwierig. Mit den Zwanzigjährigen kommt Karl nicht richtig zurecht, und ich habe auch wenig Lust, ständig mit Leuten herumzusitzen, die meine Eltern sein könnten.
Ab und zu ist das vielleicht witzig. Aber eine richtige Freundschaft kann so nicht entstehen.
Ansonsten aber ist die Beziehung mit Karl unbeschreiblich schön. Da macht das andere gar nicht soviel aus. Schade ist nur, daß er seine Kinder zur Zeit nicht sehen darf. Aber seine Tochter wird bald 18. Vielleicht kommt sie dann von selbst, und wir verstehen uns gut. Das wäre schon ein Anfang.

Die Ablehnung der Umwelt, die Ausgrenzung aus der gewohnten sozialen und gesellschaftlichen Position und der Abbruch vieler langjähriger Freundschaften und Kontakte scheint beinahe jedes Lolita-Paar am Anfang seiner Beziehungen zu erfahren. Wir trafen bei unseren Gesprächen nur ein einziges Paar, dem diese Belastungsprobe erspart geblieben war. Es ist nicht Ziel dieses Buches, die Eifersucht, die Ängste, das Mißtrauen und die Ablehnung tiefer zu analysieren.

Es würde auch zu weit führen, die Unsinnigkeit all dieser Ängste und Abwehrmechanismen aufzuzeigen. Aber der folgende Bericht eines Betroffenen macht deutlich, wie wichtig es ist, Vorurteile und Tabus immer wieder zu hinterfragen, seine Ängste und Kränkungen nicht leichtfertig an einem gesellschaftlich legitimierten Opfer auszuleben, sondern wach zu bleiben, (selbst-)kritisch und unvoreingenommen auf die konkreten Situationen, die konkreten Menschen zuzugehen.

Karl, 53, geschieden, zwei Kinder und inzwischen mit Sabine zusammen, erlebte folgendes: *Meine geschiedene Frau hetzt die gesamte Verwandtschaft gegen mich und meine neue Freundin auf. Sie explodiert förmlich vor Eifersucht. Und das nur, weil Sabine 18 Jahre jünger ist als sie. Bislang hatte sie nichts gegen meine Beziehungen zu anderen Frauen. Im Gegenteil! Mit Corinne, einer gleichaltrigen Freundin, ist sie noch heute eng befreundet.*
In ihrem Eifersuchtswahn ging sie sogar so weit, mir per Gerichtsbeschluß das Umgangsrecht mit den Kindern zu verbieten. Begründung: Die Frau an meiner Seite, die kaum

älter ist als meine älteste Tochter, sei eine sittliche und moralische Gefahr für die Entwicklung der Kinder.
Der Rechtsstreit läuft heute noch. Aber damit nicht genug: Auch meine sonstigen sozialen Kontakte gingen in die Brüche.
Ich wurde zwar noch eingeladen, aber immer „ohne sie". Am verlogensten waren hier meine sogenannten Freunde, die ihren Frauen zuliebe bei diesem Spiel mitmachten, aber hinter deren Rücken neidische, anzügliche Bemerkungen fallen ließen. Einige hatten sogar außereheliche Verhältnisse mit jungen Mädchen, spielten sich aber vordergründig als Moralapostel auf.
Vielleicht war es trotz allem ganz gut, daß ich auf diese Weise die wahren Gesichter meiner Bekannten kennengelernt habe. Sabine und ich sind sehr glücklich. Trotzdem. Und wir bleiben zusammen. Diese vehemente Ablehnung, die wir ja auch von ihren Bekannten zu spüren bekamen, war schon ein Schock. Das war eine wirkliche Belastungsprobe für unsere Beziehung – gleich zu Beginn.
Aber wir haben sie bestanden, und wir werden nächstes Jahr heiraten. Wenn's sein muß, mit Trauzeugen von der Straße . . .

3. Kapitel

Jugend – die ewige Verlockung

Er ist alt, und sie ist jung – und sie wird es immer bleiben, denn in der Verbindung mit einem sehr viel älteren Mann relativiert sich das eigentliche Alter der Frau. Sie bleibt immer: die „junge" Frau, Freundin, Geliebte. Und zwar völlig unabhängig davon, ob sie nach den biologischen Kriterien wirklich jung ist.

Ein Beispiel aus der Prominenz: Simone Rethel, 42 Jahre alt, lebt seit einigen Jahren mit dem sehr viel älteren Schauspielkollegen Johannes Heesters, 87, zusammen. Die Gesamtanmutung der Berichte über dieses Paar ist immer gleich: Johannes Heesters mit seiner „jungen" Freundin, Simone Rethel ist Heesters „Jungbrunnen" ... Wohlgemerkt: Simone Rethel ist eine immerhin 42jährige Frau. Sie ist sicher nicht alt, aber doch auch nicht mehr jung, wenn auch vielleicht jung geblieben.

Ein völlig anderes Bild ergäbe sich, wäre Frau Rethel mit einem etwa Gleichaltrigen liiert. Man bezeichnete sie dann höchstens als jung gebliebene, dynamische, attraktive, talentierte Frau. Aber man spräche ganz gewiß nicht von der jungen Geliebten oder dem Jungbrunnen.

Und beinahe konträr würden Berichte über sie lauten, wäre sie mit einem jüngeren Mann verbunden. Dann wäre ihr junger Freund der junge Geliebte, er der Jungbrunnen. Man würde ihr Attraktivität und Talent nicht absprechen, aber hinsichtlich ihrer Jugend und Schönheit bekäme man allenfalls zu lesen: „Sie versteht es, etwas aus sich zu machen, die vierzig Jahre merkt man ihr kaum an, man könnte das Paar beinahe für gleichaltrig halten ..." In jedem Fall hinge ihr bei dieser Verbindung die Charakterisierung an, sie sei alt beziehungsweise älter, stünde sie unter dem Zwang, jung wirken zu müssen. Zur Erinnerung: Es handelt sich in allen drei Fällen um ein und dieselbe Frau – mit immer demselben Alter.

Dieses Beispiel verdeutlicht bereits, wie unterschiedlich das konkrete Alter eines Menschen betrachtet wird. Wie wenig es über den eigentlichen Menschen, über seine Jugendlichkeit aussagt. Wie sehr die Betrachtungsweise der Umwelt in dieser Hinsicht von Äußerlichkeiten wie Kleidung, Lebensstil, Beruf und von dem Partner beeinflußt ist.

Zurück zu den „jungen" Frauen in einer Lolita-Beziehung. Sie sind also jung, ganz allein schon durch die Tatsache, daß ihr Partner so viel älter ist. Und sie werden es aus diesem Grund auch bleiben. Das beweist schon unser Beispiel Rethel/Heesters: Selbst eine 42jährige wird zum jungen Mädchen, zum Jungbrunnen, der jungen Geliebten, wirkt beinahe kindlich in der Verbindung mit einem Mann, der ihr Vater (oder sogar ihr Großvater) sein könnte.

Und hier setzt schon (wieder) ein weitverbreitetes Vorurteil ein oder zumindest eine Befürchtung: Die junge Frau wird durch diese Verbindung zu einem großen Opfer gezwungen. Ihr wird aufgrund des fortgeschrittenen Alters ihres Partners gleichsam der Verzicht auf Jugend und Experiment aufgenötigt. Aber das ist falsch. „Absolut falsch!" wie die Mehrzahl der von uns befragten jungen Frauen entschieden betont. Das Gegenteil ist – nach ihrer Auffassung – richtig: Gerade durch das fortgeschrittene Alter des Partners werden der jungen Frau ihre Jugend und die damit verbundenen Chancen wirklich bewußt. Durch diese Verbindung wird es ihr überhaupt erst möglich, sie frei und genußvoll auszuleben und zu empfinden.

Überraschende Thesen?
Zunächst.

Nach einigen Gesprächen mit Betroffenen und einem Einfühlen in ihre Situation werden sie uns schnell verständlich und einsichtig.

Gudrun, 34, lebt mit dem 17 Jahre älteren André zusammen. Sie sieht es so: *Die Aufwertung der eigenen Person durch diese Verbindung spielt sicher eine ganz große Rolle. Bei mir jedenfalls ist das so. Für einen älteren Mann brauchst du einfach nur jung zu sein. Das allein reizt ihn, das*

allein ist wie eine Gabe, die man in diese Beziehung einbringt. Und es wäre wohl der größte Fehler, wollte man sich als junge Frau dem älteren Mann gleichmachen, indem man Eigenschaften übernimmt, die er – seinem Alter entsprechend – entwickelt hat. Damit wäre auch der ganze Reiz für ihn weg. Und für einen selbst wohl auch: Wenn man merkt, wieviel die eigene Jugend bedeutet, wieviel Türen sie öffnet, wieviel Sehnsucht und Neid sie weckt und wieviel Lust . . . Wie kann man da anders, als seine Jugend in vollen Zügen zu genießen? Glücklich darüber zu sein? Sie voll und ganz auszuschöpfen, auszuleben?
Aber nur mit ihm, durch ihn, habe ich diese 17 Jahre Vorsprung an Jugend. Durch ihn kann ich glaubhaft jung sein und auch so empfinden.
Bei einem Gleichaltrigen würde ich meine Jugend mit Sicherheit nicht als große Möglichkeit empfinden. Ich würde sie wohl gar nicht richtig bemerken oder sie in irgendwelchen Beziehungs-Machtkämpfen sinnlos vergeuden.
Wer ich bin, wenn du du bist, du und ich aber zusammen sind, ich dir ein Stück ich geben muß? – Und das alles im Kreis . . . Nein, das habe ich hinter mir!

Was aber wird, wenn sie älter wird?

Gudrun dazu: *Ich bin ja immer jung im Vergleich zu André, und ich sehe das auch gar nicht so sehr auf das biologische Alter fixiert. Ich werde immer der jüngere, unerfahrenere weibliche Teil unserer Liebesbeziehung sein, und er bleibt der verläßliche, ruhende Pol. In mir ist auch eine ungeheure Ruhe und Gelassenheit, seit wir zusammenleben – gerade auch, was das Älterwerden betrifft. Irgendwie möchte auch ich keine Zeit vergeuden. Das ist ein anderer großer Vorteil dieser Bezie-*

hung. Ich lebe viel bewußter. Allein schon durch die Tatsache, daß André die Fünfzig überschritten hat und man ab einem bestimmten Alter keine Lust mehr hat, seine Zeit mit irgendwelchen Psychokämpfen zu verbringen. Da überwiegen – wahrscheinlich aus reinem Selbsterhaltungstrieb – die Zuversicht und Gelassenheit.
Seine Gelassenheit ist überhaupt ein ganz wichtiger Punkt, eine Eigenschaft, die unser ganzes Leben einfach macht und damit lebenswerter. Ich bin dadurch viel freier geworden, in jeder Hinsicht.

Das kann Julie, 25, nur bestätigen: *Es ist die Gelassenheit, die Souveränität in allen Lebensbereichen, die es einer jungen Frau an der Seite eines älteren Mannes ermöglichen, sich ganz und gar auf ihre Jugend und ihre Chancen einzulassen. All die Möglichkeiten, die ein junges Frauenleben beinhalten und die es erst reizvoll machen, sind doch nur zusammen mit einem Mann zu verwirklichen. Und mit Mann meine ich die Vertreter des männlichen Geschlechtes, die ihre Selbstfindungs-Verteidigungs-Krise hinter sich haben, eine gewisse Reife und Toleranz besitzen, sich ihrer selbst so weit bewußt sind, daß sie sich auf eine Frau und ihre Bedürfnisse einstellen können, ohne dabei Verlustängste zu erleiden. Es ist einfach eine bestimmte Art von Gelassenheit, die eben nicht inszeniert ist, wie bei manchen Jüngeren. Und genau dieser Rückhalt ermöglicht es einer Frau erst, ihr Leben und ihr Jungsein auszukosten.*

Es erscheint einfach und erstrebenswert allemal: Da lockt der ältere Mann mit der Souveränität des Welt- und Lebenserfahrenen, des finanziell und sozial Abgesicherten. Und nebenbei übertrifft er auch in erotischer

Hinsicht die Künste seiner jungen Geschlechtsgenossen bei weitem. Es klingt verlockend. Schön. Und einfach. Ein bißchen zu einfach.

Nein, ganz so einfach ist es gar nicht, räumt Rebecca, 24, ein. *Da gibt es bei allem Glück schon einige Wermutstropfen. Ja, das war schon wie ein Traum: Ich konnte mich zurücklehnen und genießen. In jeder Beziehung. Aber es ist gefährlich. Für mich selbst, für meine eigene Entwicklung. Da kommt's dann schon sehr drauf an, daß dem Mann nicht nur daran liegt, ein bewunderndes, anschmiegsames, hübsches, junges Ding neben sich zu haben, sondern auch darauf zu drängen, daß es weitermacht, eigene Erfahrungen sammelt und nicht einfach seine übernimmt. Natürlich muß man sich selbst auch immer wieder in diese Richtung drängen.*

Rebecca studierte weiter, engagierte sich in Gruppierungen und auch für Dinge, die Johannes längst kannte. Kontroverse Diskussionen waren bald an der Tagesordnung. *Nach der Zeit der rosaroten Verliebtheit fanden wir uns ziemlich schnell in Generations-Machtkämpfen wieder. Wobei ich mich mitunter etwas irritiert fragte, ob ich die nicht gerade erst hinter mich gebracht hatte. Es ist ganz schön nervend mit diesen Alten, die einfach alles besser wissen und redlich bemüht sind, es nicht zu zeigen. Erlebnisse, die mich in Schaudern und Spannung versetzen, locken ihnen höchstens ein müdes Schulterzucken ab. Mit lässiger Handbewegung weisen sie auf all die Besitztümer, die ich mir so mühsam erkämpfen muß. Da dachte ich schon so manches Mal wehmütig an die Zeiten mit meinen Altersgenossen. Da hatte keiner mehr, wußte keiner alles besser. Dann haderte ich mit meinem Schicksal. Bis zum Abend, bis in die Nacht. Bis ich mich von der ungerechten Verteilung der Erfahrung belehren und mich willig auf bereits erkämpften Wegen führen lasse und einfach nicht mehr anders kann als: genießen.*

Experiment, Entscheidung, Mißerfolg und Erfolg sind wichtige, ja unentbehrliche Erfahrungen in der Entwicklung eines Menschen. Sie bilden die Voraussetzung des Erwachsenwerdens. In der Beziehung einer jungen Frau mit einem sehr viel älteren Mann besteht immer die Gefahr, daß ihr all diese Erfahrungsmomente verlorengehen – oft aus einem falsch verstandenen Wunsch nach Anpassung heraus.

Svenja, 20, heiratete den 54jährigen Reinhard von der Schulbank weg, setzte ihren Entwicklungsprozeß aber dennoch fort. *Allen war klar: Von der Obhut der Eltern direkt in die Ehe, wieder in ein gemachtes Nest – da kann ja keine Persönlichkeit entstehen, kein Selbstbewußtsein. Aber das stimmt überhaupt nicht. Ich habe weder die Erfahrungen meiner Eltern als die Erfahrungen schlechthin angesehen und übernommen noch die von Reinhard. Im Gegenteil: Ich habe mich gegen sie aufgelehnt, meine eigenen Empfindungen dagegengestellt. Und das war ein ganz schönes Stück Arbeit. Da hatte ich den alles wissenden, total erfahrenen Mann an meiner Seite und war gezwungen, gegen diesen Widerstand weiterhin meine, für ihn sicher lächerlichen, Erfahrungen zu sammeln. Ich habe mich um mein Erwachsenwerden bemüht, indem ich Erfahrungen sammelte, kämpfte und experimentierte.*

Ich hatte es nun sehr viel schwerer. Es ist viel einfacher, sich gegen Eltern aufzulehnen, als gegen den Mann, den man liebt und dessen Stil man ja doch als so angenehm empfunden hatte.

Außerdem sind Eltern-Kind-Konflikte ja etwas ganz Normales. Ein Konflikt, zu dem es aus denselben Gründen zwischen Mann und Frau kommt, hat gleich eine ganz andere Dimension. Es ist ja nicht nur ein Generationskonflikt, sondern immer auch ein Ehestreit. Zudem ist ein Mann natürlich verletzter, wenn seine Frau ihn kritisiert, seine Erfahrungen in Frage stellt, als Eltern es in der gleichen Situation wären. Also von einfach kann in diesem Fall nicht die Rede sein. Ich glaube eher, daß ich durch diese Anstrengung, diesen Balanceakt zwischen kindlicher Auflehnung und fraulicher Zuwendung einige Reifeprozesse mehr hinter mich gebracht habe als andere.

Es gibt gar keinen Zweifel: Wenn eine Lolita-Beziehung eine lebendige Beziehung sein und bleiben will, läßt sich eine Fortsetzung der Generationskonflikte nicht vermeiden, und das ist gut so. Denn ansonsten verzichtete die junge Frau auf ihre eigene Entwicklung und ihre eigenen Erfahrungen. Dann würde diese Verbindung (von Beziehung könnte man schon nicht mehr sprechen) tatsächlich einem Vorurteil entsprechen: Sie wäre auf die erotische Ebene beschränkt. Die junge Frau würde auf ihre sexuelle Anziehungskraft, ihre jugendliche Attraktivität reduziert bleiben, Geist, Intellekt und Persönlichkeit spielten keine Rolle.

Also kann und darf der Generationskonflikt diesem Paar nicht erspart bleiben. Er muß Bestandteil der Beziehung sein. Und das ist nicht leicht, kann eine weitere Belastungsprobe für das Lolita-Paar bedeuten. Wie Svenja andeutete, bedarf es zur Austragung dieses Konflikts in einer Paar-Beziehung vermehrter Subtilität, größeren Einfühlungsvermögens und größerer Geschicklichkeit, als in einer Eltern-Kind-Beziehung erforderlich sind. Extreme Gegenpositionen in Werten und Anschauungen können sich für ein Paar verhängnisvoll auswirken, der Konflikt verlangt also nach einer Lösung. In einer Paar-Beziehung wird schließlich der gemeinsame Lebensweg angestrebt. Eine Annäherung vielleicht konträrer Ansichten ist da unumgänglich. Aber nichtsdestotrotz schwierig.

Denn man darf nicht übersehen, daß es sich bei dem geliebten älteren Mann um einen Vertreter jener Generation handelt, die die junge Frau bislang oder zumindest bezüglich ihrer Eltern für „unglaubwürdig, weltfremd und ablehnungswürdig" gehalten hat. Die Kluft, die die junge Frau/das junge Mädchen in den Zeiten ihrer pubertären Auflehnung zwischen sich und die Eltern(-generation) legte, war ein (für ihre Entwicklung) wichtiges Zeichen innerer Distanz, innerer Abgrenzung, ohne die Erwachsenwerden gar nicht möglich ist.

Diese Distanz, die sie gerade einigermaßen mühevoll errichtet hatte, muß sie nun in der Verbindung zu dem sehr viel älteren Mann wieder überwinden. Und das sehr schnell. Denn sonst könnte sie die Beziehung zu dem Mann, der ja aus dieser Generation stammt, gar nicht erst aufbauen.

Und doch darf sie diese Kluft – bildlich gesprochen – nicht einfach überspringen, um zu ihm, dem Geliebten, der anderen Seite, der anderen Generation zu gelangen.

Das würde ein Opfer bedeuten, das die Beziehung früher oder später zerstören könnte. Denn damit gäbe sie erkämpfte Einsichten und Erfahrungen auf, und das bedeutete auch den Verlust von Persönlichkeit und Jugend.

Nein, sie muß schon das recht schwierige Kunststück vollbringen, sich einerseits auf das bisher Abgelehnte einzulassen und andererseits ihre eigenen Erfahrungen nicht aufzugeben. Das ist nicht leicht.

Es handelt sich um ein Unterfangen, das bei Eltern-Kind-Konflikten fast immer zum Scheitern verurteilt ist und somit viele Familienzerwürfnisse, Enttäuschungen und überstürzte Entscheidungen verursacht hat.

Wir sehen schon: Von einem bequemen Wechsel aus dem behüteten Elternhaus hinein ins gemachte Ehenest, zu einem Vater-Ersatz kann wirklich nicht die Rede sein.

Der „Normalfall" erscheint im Vergleich beinahe spielerisch leicht: Weg, nur weg von den Eltern, von ihren weltfremden, verstaubten Ansichten. Am besten an die Seite eines gleichaltrigen, ebenfalls revolutionären Partners. Kämpfen gegen die Welt, gegen ihre Konventionen und Gesetze.

Das klingt befreiend, einfach, natürlich, normal: Eine gemeinsame Auflehnung, die durch die gemeinsame Jugend bedingt und durch die Liebe füreinander verschönert wird.

Nach und nach revidiert man gemeinsam einige Ansichten, macht hier und dort gewisse Abstriche, verzichtet – realistisch geworden – auf die extremsten Pläne. Es folgen vorsichtige Annäherungen an die Generation, die man zuvor für schuldig an allen Lebensübeln befunden hatte.

Diese Entwicklung – wie sie im Normalfall stattfindet – erscheint uns natürlich und einfach – sie ist uns bekannt. Die junge Frau, die einen sehr viel älteren Mann zum Partner wählt, betritt dagegen einen unbekannten, schwierigen Weg: Sie legitimiert durch ihre Partnerwahl scheinbar die Generation, gegen die sie sich just noch aufgelehnt hatte. Und damit scheint sie auch deren Werte und Lebensformen anzuerkennen, denn nichts anderes kann – so will man glauben – ihre Wahl doch bedeuten: eine Absage an die eigene Generation, an altersgleiche Männer.

Doch dieses vorschnelle Urteil ist falsch und gefährlich. Die junge Frau ist auf eine persönliche Entwicklung im Rahmen ihrer Altersgruppe angewiesen. Aber nicht nur sie selbst, sondern auch ihre Beziehung zum älteren Mann benötigt diese Entwicklung.

Solange er an dieser Beziehung festhalten, gar eine Lebensbindung eingehen will, ist er auf ihre Entwicklungsschritte angewiesen, darauf, daß sie im besten Sinne „erwachsen“ wird. Also aus eigenwilliger Unerfahrenheit allmählich eine Beziehungsfähigkeit entwikkelt, aus launischer Unsicherheit in Dauerhaftigkeit und dauerhafte Beziehungsfähigkeit hineinwächst.

Auch für ihn gibt es ja kein „Ich“, wenn da kein „Du“ lebendig mit ihm wächst. Auch für ihn gibt es Glück oder Unglück nicht ohne sie. Seine Erfahrung und sein Erfahrungsvorsprung nützen ihm wenig, wenn sie nicht in der Beziehung zu ihr immer wieder lebendig und reicher werden – es sei denn, er wollte sein weiteres Leben ausschließlich in einer unlebendigen Vergangenheit zubringen.

Allerdings bleibt das Lolita-Paar von der Ungleichheit des Erfahrungsspektrums betroffen. Gleichaltrige Partner dagegen erleben viele Erfahrungen gemeinsam und können sie „spielerisch“ handhaben. Der Erwerb von Erfahrungen ist wie ein Lebensexperiment, bei dem der eine den anderen trägt, denn man kann gemeinsam problemloser Fehler machen, leichter umkehren und leichter neu anfangen. Mit jedem Fehlschlag, jedem Erfolg wächst eine gemeinsame Erfahrung, die man gemeinsam verarbeiten kann.

Bei einem altersungleichen Paar ist dies nicht so. Es gibt keine wirklichen gemeinsamen Erfahrungswerte, selbst wenn zusammen erlebt wird: Er erlebt als Vierzig- oder Fünfzigjähriger und verarbeitet das Erlebnis entsprechend seinen Erfahrungen; sie erlebt als Zwanzigjährige, erfährt manches zum ersten Mal, was für ihn schon eine Wiederholung bedeutet, und entsprechend unterscheidet sich ihr Erfahrungsmuster von dem seinigen.

Ein gemeinsames Erlebnis, ein gemeinsames Verarbeiten kann es für dieses Paar nicht geben. Bei ihm fällt gleichsam ein Teil des Gleichgewichts weg, das beim gleichaltrigen Paar herrscht. Für ihn ist die Selbsterfahrung – auch in emotionaler und sexueller Hinsicht (beinahe immer) abgeschlossen, er ist durch seine Erfolge ebenso festgelegt wie durch seine Fehlschläge.

Das gerade gibt ihm die Stärke, die sie von ihm erwartet. Aber solange sie ihm (und er sich selbst) diese Überlegenheit und diesen Erfahrungsvorsprung zuerkennt, solange ist es doppelt und dreifach schwer für ihn, beweglich zu bleiben, umzukehren, Fehler zu machen und einzugestehen, neue Erfahrungen zu sammeln, Chancen unbefangen zu ergreifen. Sie bewegt sich immer um einen Fixpunkt: Das ist er, sein Erfahrungsvorsprung, seine Überlegenheit.

Gemeinsam können sie deshalb Fehlschläge nur sehr viel schwerer als normale Paare ertragen. Wir sahen bereits, daß seine Überlegenheit für ihr seelisches Gleichgewicht eine notwendige Voraussetzung darstellt.

Wenn sie nun also gemeinsam Fehler machen, gemeinsam Fehlschläge eingestehen, droht immer insgeheim die Gefahr, daß seine Überlegenheit einen Sprung bekommt, sein Vorsprung in Frage gestellt wird. Und sei es nur für kurze Zeit – für diese beiden ist das allemal viel schwerer zu ertragen als für ein „normales“ Paar.

Ihre junge, sich selbst suchende Selbstbespiegelung drängt ihm viel Verantwortung auf – denn er ist der Spiegel, in dem sie sich sieht. Jener freie Austausch von „ich“ und „du“, der ein junges, gleichaltriges Paar so verwundbar und zugleich flexibel macht, ist hier von einer anderen Art des Angewiesenseins ersetzt worden. Der Mann ist immer das „Du“, in dem das unerprobte „Ich“ der Lolita sich spiegelt und sich bewahrt sehen will.

Und wenn er versagt?

Es gibt tausend Möglichkeiten, in einer Partnerschaft zu versagen. Durch zu wenig oder zu viel Einfühlung, durch zu wenig oder zu viel Zuverlässigkeit... Und je jünger Lolita ist, desto größer ist die Skala des Scheiterns. Für dieses Paar ist es soviel schwieriger, einen Fehlschlag, ein Scheitern wieder auszugleichen, wiedergutzumachen, denn das Spielerische in der Selbsterfahrung, das prinzipielle Experiment mit Ich und dem anderen gibt es für sie nicht auf dieselbe Art, wie es sie für gleichaltrige Paare geben kann und muß.

Die Ungleichheit der Beziehung, des Alters und des Erfahrungsschatzes bürdet dem Mann in dieser Verbindung Verantwortung auf. Viel mehr Verantwortung, als sie ein durchschnittlicher Mann in einer „normalen“ Beziehung zu tragen hat. Und ein Scheitern birgt nicht nur für ihn, sondern auch und gerade für sie mehr Risiken, als es in einer „normalen“ Beziehung der Fall wäre. Es ist riskanter, weil jeder Fehler viel schwerer wieder zurückzunehmen und auszugleichen wäre. Denn es geht immer um die Beziehung an sich. Mit jedem Fehlschlag steht das schwierige Verhältnis insgesamt in Frage. Die beiden haben nicht nach jedem Fehlversuch die Möglichkeit, ihn gemeinsam unter „Verlust" abzubuchen und sich gemeinsam einem neuen Versuch zu widmen. Ein fehlgeschlagener Versuch in einer Lolita-Beziehung geht allein auf sein Konto, gilt als sein Versagen, als Fehleinschätzung eines Mannes, der doch vorgab, dank seiner Erfahrung alles richtig einschätzen zu können.

Ihre Enttäuschung sitzt tief, und die Unsicherheit, ob er seiner Rolle in dieser Beziehung genügen kann, ist für ihn fundamental. Damit ist jetzt das entscheidende Argument genannt, das gegen eines der im Umlauf befindlichen Vorurteile spricht. Gegen jenes Vorurteil nämlich, daß er die Beziehung zu einer jüngeren Frau vor allem aus Gründen der inneren Unsicherheit, Unreife eingegangen ist.

Wäre es tatsächlich so, wäre das Scheitern wegen der gerade skizzierten Gründe schon vorprogrammiert. Würde er tatsächlich unerfahren und unreif eine Beziehung mit einer jüngeren Frau beginnen, hätte er auf Dauer keine Chance. Diese Beziehung hätte niemals eine Zukunft. Denn eine wirkliche Lolita-Beziehung basiert viel zu sehr auf dem Sichersein des Mannes.

Er benötigt Souveränität, Ausgeglichenheit, eine lebendig gebliebene Erfahrungsfähigkeit in mindestens demselben Maße, wie sie auch eine „normale" Beziehung von einem Mann fordert. Ohne diese Bestandteile bricht dieses Verhältnis rascher und endgültiger zusammen. Er braucht sein ganzes Wissen und auch seine Fähigkeiten, es lebendig zu erhalten und mit ihren Entwicklungsschritten zu erweitern, und er braucht zugleich die Fähigkeit, sie in diesen Entwicklungsschritten festzuhalten und – denn sie ist jung! – sich dabei selbst verändern zu lassen, weil sonst die Beziehung leer, fixiert, unlebendig und ohne Zukunft wäre. Sein innerer Reichtum bildet das Fundament für sie beide, die Basis, von der aus sie sich weiterentwickeln kann. Man könnte es also pointiert auf folgende Formel bringen: Wo immer eine Lolita-Beziehung über längere Zeit glücklich andauert – nicht nur einige Wochen oder Monate, sondern Jahre hindurch –, kann man getrost davon ausgehen, daß er in diese Beziehung eine gefestigte Lebenserfahrung und sichere Souveränität eingebracht hat.

4. Kapitel

Midlife-crisis
oder
Die letzte Herausforderung

Die Motive des Mannes scheinen klar auf der Hand zu liegen: egoistischer Zugriff auf die Jugend, begründet durch seine Angst vor dem Alter, der Wunsch nach einem zweiten Frühling, Midlife-crisis. Alle diese interessant klingenden Begriffe implizieren einen Vorwurf. Und alle lassen den älteren Mann im gleichen Licht erscheinen. Als kranken Möchtegern-Jugendlichen, der sich der Lächerlichkeit preisgibt durch den Versuch, mit einer jungen Frau mitzuhalten, die seine Tochter sein könnte. Ja, es hat beinahe etwas Rührendes, wie er da das Unmögliche versucht, obschon doch seine hilflosen Bemühungen von vornherein zum Scheitern verurteilt sind – und sein müssen. Denn sonst wäre der Lauf der Welt unversehens gestört. Und wie empfindlich Menschen auf den Bruch der Normalität reagieren können, haben wir bereits gezeigt. Man erwartet also, daß der ältere Mann sich nach einer peinlichen und ernüchternden Bauchlandung im Sperrbezirk der Jugend wieder besonnen hat, sein Alter akzeptiert und einigermaßen reumütig zu Seinesgleichen zurückkehrt. Dahin, wo sein Platz ist. Dahin, wo er einfach bleiben muß, um die Ordnung nicht zu stören. Dahin, wo er nach dem Etikett, das sein Alter und die damit verbundenen Lebensrichtlinien auferlegen, leben muß – unausweichlich.

Und so wird er sich denn darein fügen, ein Leben entlang dieser Ordnung zu fristen (obwohl er diese Ordnung eigentlich gar nicht so recht will und gutheißt). Aber immerhin geht er damit allen sozialen und gesellschaftlichen Widerständen aus dem Weg, wodurch er allemal bequemer, wenn auch weniger aufregend lebt. Bequemlichkeit hat eben ihren Preis, das wissen wir alle. Und früher oder später wird auch er bereit sein, ihn zu zahlen.

Doch halt!
Wer möchte dies für sich gelten lassen?

Gleich welchen Geschlechts, gleich welchen Alters, wollen wir doch alle Freiheit, Veränderung und Lebensmöglichkeiten außerhalb einer festgeschriebenen Ordnung. Wir alle suchen die Herausforderung.

Und damit haben wir schon genau die Charakteristika aufgezählt, die Männer im Midlife-crisis-Alter gleichlautend nennen, wenn es um die heikle Frage geht: Was bietet die junge Frau, was eine Gleichaltrige nicht hat? Diese Frage ist natürlich schon falsch gestellt.

Nicht sie steht per se für Herausforderung und Veränderung. Nicht sie besitzt per se Freiheit und Offenheit. Und schon gar nicht kann sie das per se übermitteln.

Auch sie muß derartige Fähigkeiten und Haltungen entwickeln, genau wie er, der Alltagsmüde, vielleicht mit einer Midlife-crisis Kämpfende. Das schafft er – nach wiederum gleichlautenden Aussagen – durch die Beziehung zu einer jüngeren Frau. Die Beziehung zu ihr bedeutet (noch einmal) eine Herausforderung, ein Umwälzen der eigenen Person, des eigenen Lebens. Diese Beziehung bedeutet Anstrengung. Die Zeiten des „Sich-gehen-lassen" sind vorbei. Vielmehr wird der Bauch eisern wegtrainiert, den man noch vor kurzem entschieden als Zeichen des Wohlstandes verteidigt hatte, wird die Kleidung plötzlich sorgfältig ausgewählt, liest man auf einmal auch andere Bücher, hört neue Musik, denkt über die Probleme der jungen Menschen nach, stellt sich selbst und seine Ansichten noch einmal in Frage, nachdem man doch glaubte, so sicher zu sein ...

Das Leben erweitert sich, der Horizont vergrößert sich. Damit wächst auch die Chance einer Veränderung, obwohl es altersgemäß wäre zu sagen: Hier ist mein Platz, den ich mir erarbeitet habe, hier will ich nun bleiben, ich habe meinen Weg gefunden, hier bin ich sicher.

Eingefahren war ich, das trifft es viel besser, sagt Stefan, 52 Jahre, *und die restlichen Jahre wären wohl ohne nennenswerte Veränderungen so weitergeflossen. Aber dann kam Rita, und meine ganze Person, mein ganzes Leben geriet ins Wanken. Gott sei Dank, muß ich heute sagen. Es gibt ja nichts Unlebendigeres und Beengenderes als die Überzeugung: Das war's, jetzt ändere ich nichts mehr, bis ...*

Man muß ja nicht gleich in das vielzitierte andere Extrem fallen, sich in zu enge Jeansklamotten zwängen, das Haus verkaufen, in eine WG ziehen und Rockmusiker werden. Das ist nur lächerlich und hätte auf Rita mit Sicherheit auch so gewirkt. Ich habe mich auch nicht nach ihren Wünschen verändert – oder ihrem Leben entsprechend. Aber durch das Zusammensein mit ihr sah ich – nur für mich selbst – wieder eine immense Palette von Möglichkeiten für mein eigenes Leben. Es war, als hätten sich die (selbstgesteckten) Grenzen mit einem Mal geöffnet. Ich hatte das Gefühl, ich kann ja alles ganz anders machen, wenn ich es will. Ich habe dann aber eigentlich nur das verändert, was ich sowieso schon immer gerne verändern wollte. Und aus Bequemlichkeit nicht geändert hatte. So direkt hatte das gar nichts mit Rita oder ihrer Jugend und ihren Wünschen zu tun. Nur insofern, als daß mir durch sie plötzlich klar wurde: Ich kann doch eigentlich auch noch alles ändern, ganz neu anfangen, etwas ganz anderes aus meinem Leben machen. Sie brachte einfach eine gesunde Ladung Optimismus, vielleicht sogar Leichtsinn und Sorglosigkeit in mein Leben. Das war ihr Anteil oder ihre Mitgift für unsere Beziehung. Und ich brachte etwas Ruhe und Besonnenheit, ja auch Beständigkeit, Verläßlichkeit und eine ebenso gesunde Portion Realismus mit. Das ergänzte sich hervorragend und hat uns beiden sehr gutgetan.

Sicher, wer bekommt nicht gern frischen Wind von außen, läßt sich nicht gern mitreißen?

Veränderungen geben dem Leben Würze. Entwicklung ist die Voraussetzung für das Leben überhaupt, für alles Lebendige, für Jungsein und Jungbleiben.

Und doch schleicht sich bei dieser Einsicht die etwas bittere Frage ein: Warum braucht es dazu beziehungsweise braucht er erst einen Anstoß durch eine so viel jüngere Frau? Ist eine Partnerschaft zwischen gleichaltrigen Älteren also zur Monotonie, zum phantasielosen Stagnieren verurteilt?

Ist es nicht einfach nur bequemer, auf einen Reiz von außen zu warten, statt in einer altersgleichen Beziehung neue Reize zu schaffen? Lohnt es sich denn nicht auch, für eine altersgleiche Partnerin auf körperliche Fitneß und modische Kleidung zu achten?
Aber ja. Sicher. Natürlich.

In einer Umfrage, die sich mit dem Phänomen: Ältere Frauen lieben jüngere Männer beschäftigte, äußerte eine Betroffene:
Vor meiner Beziehung zu einem 15 Jahre jüngeren Mann hatte ich immer wieder versucht, meine Partnerschaft mit einem ebenfalls Fünfzigjährigen abwechslungsreich und reizvoll zu gestalten. Ich hatte schon immer ungeheure Lust darauf, etwas Neues (zusammen!) auszuprobieren, neue Impulse in die Beziehung einzubringen, mich selbst zu verändern, neue Kontakte zu knüpfen, mich beruflich neu zu orientieren. Mein damaliger Partner reagierte allerdings auf all diese Bemühungen mit einem verständnislosen Kopfschütteln. Und meine Verwandten sagten: „Also, in deinem Alter . . .“
Gerade mein Partner wirkte wie ein Bremsklotz. Er setzte sich selbst – und mich dazu – aufs Altenteil, aufs Abstellgleis und wehrte beinahe ängstlich jede Anregung von mir ab. Mit meinem jetzigen Partner habe ich sozusagen die Legitimation

für meine (ganz aus mir selbst kommenden) Launen und jugendlichen Antriebe. Es heißt jetzt zwar, ich machte das alles, um mit ihm mithalten zu können, aber letztendlich wird es doch akzeptiert. Auf neue Leute, eine fremde Umgebung wirken wir wie ein jugendliches, äußerst lebhaftes Paar – und genau das sind wir auch. Und genauso bin ich selbst.

Der gleichaltrige Partner als Bremsklotz. Als Hemmschuh für die Verwirklichung neuer Ideen und für Veränderungen. Muß das wirklich sein? Natürlich ist es schwierig, eine eingefahrene Partnerschaft zu verändern, neue Wege zu beschreiten, und zwar in einer Form, die den anderen nicht angreift oder verletzt, sondern ihn – im Gegenteil – zum Mitmachen animiert. Ein Kunststück, aber ein lohnenswertes, sollte es gelingen. Dazu gehört Mut, aber Mut braucht auch der andere Partner, um sich mitreißen zu lassen, um die ach so bequemen und langerprobten Beziehungsmuster zu verlassen, um Kritik und Selbstkritik konstruktiv einzusetzen und anzunehmen. Mut verlangt es auch, den Partner als das zu akzeptieren und zu lieben, was er ist: als jederzeit wandlungsfähigen, komplexen Menschen mit unzähligen Möglichkeiten. Dadurch wird er ja gerade attraktiv, reizvoll und einzigartig.

Dieses Mitreißen, dieses Eröffnen von Veränderungsmöglichkeiten scheint in einer Beziehung zwischen Partnern mit einem großen Altersunterschied eher gegeben zu sein. Das Besondere einer Lolita-Beziehung liegt für den älteren Mann also nicht nur in der erotischen Anziehung, der sexuellen Ausstrahlung der jungen Frau.

Nicht der panische Zugriff auf die Jugend aus Angst vor dem eigenen Alter ist sein Motiv, auch wenn ein Klischee es so will. Ein Klischee, wir sagten es schon, hat eben viel mit einem Vorurteil zu tun, mit Verboten und Verdrängung.

Das Alter ist ja so sehr aus der Mode, daß wir schon beinahe übersehen, daß Älterwerden auch einen Zugewinn bedeutet. Älterwerden ist eben nicht nur ein Verlust, beinhaltet nicht nur weniger Jugend, weniger Chancen, weniger Lebensfülle, weniger Gestaltungskraft zu haben und weniger „in" zu sein. Alter bedeutet daneben immer auch das Zusammenwachsen von Wissen und Erfahrung. Unser angelerntes theoretisches Wissen – und mag es noch so komplex sein – wird eben ganz unvergleichlich bereichert, wenn Erfahrung hinzukommt. Erfahrung konkretisiert das Wissen, macht es alltäglich, macht es überhaupt anwendbar. Das gilt für wissenschaftlich-theoretisches Wissen, aber auch für das Wissen um sich selbst, für die Selbsterkenntnis. Man fällt als Vierzigjähriger erheblich seltener auf seine eigenen Tricks herein, hat eine Reihe von Selbsttäuschungen durchschaut und macht sich kaum noch Illusionen. Man täuscht sich nicht mehr so leicht, wenn es um einen selbst geht und damit auch weniger leicht, wenn es andere Menschen betrifft.

Besitzt man einen breiteren Fundus von Erfahrungen, kann man leichter einordnen, was einem zustößt. Man ist besser gewappnet, planvoller in seinen Reaktionen, weniger emphatisch und deshalb weniger verletzbar.

Insofern hat der ältere Mann im Verhältnis zur jüngeren Frau (fast) immer recht. Seine Lebenserfahrung ist ein Vorsprung, den sie gar nicht einholen kann.

Sie aber hat unbestreitbar die größere Erfahrungsfähigkeit. Seine Erfahrungen, sein vermehrtes Wissen hat er nämlich nicht ohne Verluste erworben. Er hat sein Pensum an Enttäuschungen erlebt, einen Teil seines Narzißmus abgelegt, hat sich die Flügel stutzen lassen oder selber gestutzt. Er versteht es, immer geschickter, planvoller und erfolgreicher in einer Welt zurechtzukommen, die dabei immer kleiner und immer enger wird. Er lernt seine eigene Zuverlässigkeit schätzen und vertraut darauf. Seine Beständigkeit ist wie ein Fels – aber wo führt ihn diese Entwicklung hin?

Erwerb von Ich-Stärke nennen die meisten entwicklungspsychologischen Schulen diesen Vorgang, und einige verschweigen auch nicht, daß diese „Stärke" mit dem Schwinden der freien, fluktuierenden Energien der Triebe und der unkontrollierbaren Wünsche bezahlt wird.

Alles wird eingebunden, gestutzt, zu einem planvollen Ganzen geformt: Der Erwerb dieser Stärke ähnelt verzweifelt einer Dressur. Ein starkes Ich ist laut entwicklungspsychologischer Norm dadurch gekennzeichnet, eine Balance zwischen äußeren Gegebenheiten sowie inneren Antrieben und Wünschen zu finden. Nur was ist in der Zwischenzeit aus den Wünschen geworden? Es gibt keine Selbstfindung, die nicht auf der Einbuße an freischwebenden Wünschen, an narzißtischen Antrieben beruht. Der Prozeß des Erwachsenwerdens ist auch mit dem Zertrümmern der eigenen Hoffnungen verbunden.

Selbsterkenntnis tut weh. Und deshalb ist ihr fast immer ein Stück Intoleranz und Ungeduld beigemischt. Man kann es bei den ausgeglichensten und geduldigsten älteren Menschen beobachten: Im Umgang mit jugendlichen Totalitätsansprüchen, mit Perfektionsstolz, mit idealisierten Bemühungen werden sie fast alle nach einiger Zeit abrupt, ungeduldig, sie wenden sich ab, als seien diese Auseinandersetzungen eine unerträgliche Zumutung. Und so ist es auch!

Es mag ja sein, daß ein gewisser jugendlicher Überschwang, ein Überschäumen von ungerichteten Emotionen hier und dort beschwichtigt werden muß, weil er tatsächlich gar zu unerbittlich mit der Realität zusammenstoßen würde. Oftmals läßt sich leicht nachweisen, daß der Ältere in der Auseinandersetzung mit dem Jüngeren viele gute Argumente auf seiner Seite hat. Dennoch ist da bei den Älteren ein Unterton von Gereiztheit und Schmerz nicht zu überhören. Darin schwingt der Nachhall jener Zeit, in der man selber noch Ideale und ein Idealbild von sich hatte. Diese Vorstellungen haben sich abgeschliffen, gingen verloren und die Erinnerung tut weh.

Aber der Weg in die erwachsene Bescheidenheit kennt trotzdem keine Alternative. Es wirkt peinlich, wenn Erwachsene nicht erwachsen werden können! Ein erfahrungsloses altes Gesicht berührt unangenehm.

Die infantile Großmannssucht vieler Erwachsener, die sich an Stammtischen beobachten läßt, und der selbstbezogene Biedersinn sind uns mit gutem Grund unerträglich. Sie enden fast immer in Unmenschlichkeit – politisch und privat.

Die Ideale der Jugendzeit müssen zerfallen, die Maßlosigkeit muß gezähmt werden – es führt kein Weg daran vorbei.

Und eben weil dies so ist, weil es keine Alternative geben kann, erscheint ein Leben ohne solche Abstriche doppelt verführerisch.

Denn nichts stachelt das Verlangen so sehr an wie das Unerreichbare. Unerreichbar und doch bekannt! Uneinholbar und doch ganz nah, wie einem ja überhaupt die ganze Vergangenheit, die Jugend sehr nah erscheint.

Hier handelt es sich um etwas, das nicht verfehlt wurde, sondern verlorenging. Man hat es schon einmal gespürt, schon in den Händen gehalten. Der Verlust schmerzt doppelt und dreifach.

Und damit haben wir auch eine etwas tiefere Erklärung dafür gefunden, weshalb die junge Frau, weshalb ihre Jugendlichkeit auf den älteren Mann eine solche Faszination ausübt, warum sie ihn so stark anrührt.

Diese Wirkung hängt mit dem Doppelcharakter des „Ich“ zusammen, das mit jeder Erweiterung und Festigung seiner eigenen Stärke auch Einbußen und Verluste erlebt. Sie in ihrer ganzen Unbekümmertheit ist für ihn wie ein schöner romantischer Spiegel, der zeigt, was vorbei ist.

Es liegt etwas Träumerisches in dieser Beziehung: Gewiß richten sich seine Wünsche auch auf ihren jungen Körper, ihre Schönheit, aber bestimmt nicht weniger dringlich, wenn auch weniger offensichtlich, schaut er durch sie hindurch auf sich selbst. Schaut auf das Doppelgesicht seiner Stärke, seiner Erfolge, seines „Ich".

Baumeister Solness in Henrik Ibsens gleichnamigem Drama läßt sich von einer jungen, nicht einmal besonders attraktiven Frau zur Wiederbelebung eines alten Traums verführen, den er längst aufgegeben hatte. Ihr narzißtischer Eifer – sie möchte den Baumeister auf dem höchsten Turm, ganz oben erleben, abgehoben von allen Menschen – und nicht etwa ihre körperliche Anziehungskraft treibt ihn noch einmal voran und läßt ihn das Unmögliche versuchen.

Kurz vor der Verwirklichung seines Traums stirbt er. Er hatte sich zu lange an die niedrigen, normalen Behausungen gewöhnt. Zu hoch gestiegen, ergreift ihn ein Schwindel – die stabilen, ordnenden, realitätsfähigen „Ich-Kräfte" verlassen ihn, und er stürzt herab. Ibsen hat den Charakter jenes Mannes, der von der Liebe einer sehr jungen Frau vorangetrieben wird, genauer analysiert, als es das Klischee von der sexuellen Verführungskraft der Jugend tut.

Nein, nicht der verführerische Glanz jugendlicher Schönheit, sondern – viel komplexer – die Macht eines aufgegebenen und doch nicht ganz aufgebbaren Traumes läßt ihn stürzen.

Darin liegt die Eigenheit dieser Beziehung: Etwas ist da ganz nah, lebendig und doch auch vorbei und verloren. Diese Beziehung umfaßt seelische Ebenen, die sich im Entwicklungsverlauf eines Menschen eigentlich ausschließen müßten.

Eigentlich baut sich das Ich dadurch auf, daß es den frei fluktuierenden, fließenden Energien Struktur und Ordnung gibt. Eigentlich beruht die Stärke auf der Fesselung, Einbindung der Wünsche – doch hier, in dieser Beziehung, werden plötzlich alle Fesseln gelöst, die Ebenen verschwimmen und durchmischen sich, Träume werden freigesetzt. Trotzdem bleibt das „Ich" mit seinen ordnenden Funktionen präsent.

Wir behaupten hier: Wann immer ein älterer Mann sich mit einer jüngeren Frau einläßt, taucht er in ein Wechselbad nicht nur der Gefühle zu ihr, sondern auch der Selbstempfindungen. Das Selbstbewußtsein, das er mühsam und nicht ohne Opfer erworben hat, wird in Frage gestellt. Nichts ist mehr gewiß, nichts am festen Ort, und damit zeichnet sich schon die nächste Paradoxie für ihn ab. Denn diese Verläßlichkeit des „Ich bin ich, ich weiß, wer ich bin", auf die er stolz war und die ihn stark erscheinen ließ, war es ja schließlich, in die „sie" sich verliebt hatte. Eben dadurch war er ja ihr Schild, mit seiner Klarheit, seiner Selbstgewißheit.

Wenn er die jetzt aufgäbe, würde er alles verlieren: den wiedererweckten Traum und die zuverlässige Identität. Es ist schon ein seltsamer Wirrwarr. Es zerreißt und bestätigt ihn, verstört und macht ihn stolz zugleich. Er soll einen Traum aufwecken und zuschütten – zu gleicher Zeit. Diese Beziehung geht damit an die Quellen seiner sozialen Existenz, an die Quellen seines „Ich".

5. Kapitel

Erotik und Sexualität im Land der unbegrenzten Möglichkeiten

Die Beziehung zwischen einem jungen Mädchen beziehungsweise einer jungen Frau und einem sehr viel älteren Mann ruft eine Vielzahl von Klischees und Vorurteilen hervor. Die (besorgte) Umwelt reagiert auf die Verbindung eines unschuldigen, unerfahrenen jungen Mädchens mit einem erfahrenen älteren Mann gleich mit einer ganzen Serie von vorgefertigten Meinungen. Das gilt insbesondere für die erotische Beziehung. Die erotische Anziehungskraft der jungen Frau gilt als das Leitmotiv dieser Beziehung – und ist man noch bereit, der jungen Frau etwas ehrbarere Motive wie Vater-Ersatz-Suche, ökonomische Absicherung etc. angesichts ihrer Partnerwahl zu unterstellen, sein Motiv scheint sonnenklar: Sex.

Die von uns befragten Paare sahen es anders. Julie, eine 25jährige Schauspielschülerin, die seit drei Jahren mit Werner, 46, zusammenlebt, meint: *Ganz ehrlich – was besseres als ein so viel älterer Mann kann einer Frau gar nicht passieren. Davon bin ich überzeugt.*
Vorausgesetzt natürlich, sie ist gern Frau und kann es genie-

ßen, als Frau begehrt und geliebt zu werden. Mitunter drängt sich mir ja der Verdacht auf, daß es gar nicht mehr so viele derartige Frauen gibt . . . Ich bedauere wirklich die Frauen, die sich kaputt und frühzeitig alt machen, nur um sich und der Welt zu beweisen, wie stark und unabhängig sie doch sind. Ja nichts annehmen von einem Mann. Kein Geld, keine Sicherheit, schon gar keine Erfahrung. Und erst im Bett – du lieber Himmel! Hauptsache sie haben und behalten alles in der Hand. Ja nicht die Kontrolle verlieren, sich hingeben.
Emanzipation muß Genüge getan werden – und sei es auf Kosten der eigenen Gefühle und Bedürfnisse . . .
Das alles ist in einer Beziehung mit einem so viel älteren Mann anders. Zum Glück! Werner findet es schön, mich zu umsorgen und zu verwöhnen. Und ich kann es genießen, versorgt zu werden, mich begehren und verwöhnen zu lassen. Ja, natürlich, auch auf sexueller Ebene. Warum denn nicht?

Nach Werner kann ich mir, weiß Gott, nicht mehr vorstellen, mit jungen Männern zusammenzusein, die selbst noch unerfahren sind und verkrampft versuchen, unseren verschiedenen Bedürfnissen (am besten noch gleichzeitig) gerecht zu werden.

Nein, wirklich: Meine vorherigen Erlebnisse mit Jüngeren, das heißt mit Gleichaltrigen, kommen mir im Vergleich allesamt wie aufgeregt-verkrampftes Trauerspiel vor. Das klingt jetzt sicher hart und vielleicht übertrieben. Aber ich habe nun einmal wirklich keine Lust, das Versuchsobjekt linkischer Verführungsproben zu sein. Ich bin viel lieber die Begünstigte einer schon vollendeten Kunst. Und ich glaube auch, daß eine junge Frau wie ich, die einen älteren Partner hat, in Wirklichkeit in erotischer Hinsicht viel mehr profitiert als der Mann.

Obwohl die gängige Meinung ja das Gegenteil behauptet: Der ältere Mann will da noch einmal jung sein, seine Jugend und Manneskraft an einer unschuldigen Frau beweisen – alles zu Lasten der jungen Geliebten.
Ich sehe das anders, total anders. Durch Werner, seine Erfahrung, sein Wissen erhalte ich heute schon alles, was ich mir mit einem Gleichaltrigen erst mühsam erarbeiten müßte.

Begehrt, verwöhnt werden wie eine Göttin, eine Königin – natürlich klingt das alles erst einmal kitschig und unglaubwürdig.

Zumindest hört es sich nicht so an, als habe eine solche Verbindung unter solchen Voraussetzungen in der doch eher nüchternen, wenn nicht gar kalten Wirklichkeit eine reale Überlebenschance.

Natürlich hat jede Frau irgendwann einmal davon geträumt: auf Händen getragen, umsorgt und verwöhnt, wie ein Schatz behütet zu werden. Aber das sind Kinderträume, Jungmädchen-Phantasien – die Wirklichkeit sieht anders aus, da gibt es keinen Zweifel, und das ist auch gut und richtig so.

Wirklich?
Die Wirklichkeit sieht wohl tatsächlich anders aus. Die Sexualität in einer heutigen Partnerschaft von Gleichaltrigen basiert auf emanzipierten Bedürfnissen und ihrer gleichberechtigten Erfüllung. Keine aufgeklärte, moderne Frau erwartet heutzutage, von ihrem Mann auf Händen getragen zu werden.

„Sie kann selbst gehen." Keine Frau erwartet heute, von ihrem Mann als kostbarer Schatz, als unerhofftes Geschenk des Lebens angesehen und entsprechend begehrt und verwöhnt zu werden.

Sich verwöhnen zu lassen gilt als ein Zeichen von Passivität, als ein „Sich-Ausliefern". Das hat ein deutliches Fluidum von Unterlegenheit, von Hingabe, von Selbstaufgabe, Auslieferung an den Partner, den Mann.

Doch all dies darf nicht sein. Die Frauen in unserer heutigen Gesellschaft haben schließlich gerade erst den schwierigen Kampf um die Anerkennung und die Bewußtwerdung ihrer eigenen Gefühle, Wünsche und Begierden hinter sich. Nun heißt es aufpassen, daß nur ja nicht eines unerfüllt bleibt. Hingabe kann in dieser Situation nur Aufgabe bedeuten, ist gleichzusetzen mit einem Rückzug, einer Niederlage: bedeutet, sich demjenigen anzuvertrauen, den es zu „bekämpfen" gilt. Hingabe würde Vertrauen bedeuten, ein vertrauensvolles Warten darauf, was der Partner tun wird, sich darauf zu verlassen, daß er nichts macht, was einem schaden könnte. Im Gegenteil.

Doch ein solches Verhalten widerspricht dem Zeitgeist und bedeutet einen Schlag ins Gesicht jeder emanzipatorischen Bemühung. Auf der Hut sein vor der Ausbeutung durch das männliche Geschlecht – das ist die Devise. Passivität und Hingabe – das klingt nach Verrat, nach Schwäche und Niederlage.

Und kann doch das Zeichen eines wirklichen, wahrhaftigen „Sieges“ sein, ein glaubwürdiges Beispiel einer emanzipierten (Frauen-)Existenz.

Warum?

Julies, Rebeccas und Svenjas Aussagen über ihre erotischen Bedürfnisse, ihre Motive für die Partnerwahl waren schon eine erste Antwort. Die jungen Frauen fühlen sich als Begünstigte, als Nutznießerinnen. Sie wollen jetzt genießen, was sie mit einem Gleichaltrigen erst erarbeiten müßten. Sie sind emanzipiert genug, die Kontrolle über das Partnergeschehen, die partnerschaftliche Sexualität zeitweise dem Mann zu überlassen, und erfahren so mehr Befriedigung und Erfüllung ihrer Bedürfnisse, als wenn sie – aus Angst vor Passivität und Hingabe – krampfhaft bemüht blieben, den Überblick zu bewahren.

Sie wollen verwöhnt werden und suchen sich einen Partner, der die Ruhe, die Gelassenheit und eigene emotionale Sicherheit hat, diesen Anspruch lustvoll zu erfüllen.

Sie wollen umsorgt werden, sich hingeben und wählen einen Partner, der die Souveränität besitzt, diese Gefühle nicht als Schwäche zu werten, sie nicht auszunutzen. Einen Partner, dem sie sich vertrauensvoll hingeben können.

Eine wirklich emanzipierte Frau kann sich das leisten,

mehr noch, sie braucht solcherlei (vordergründig) gegensätzliche Verhaltensweisen, um innere Stabilität und Verläßlichkeit zu erlangen und zu bewahren.

Auch Svenja gehört zu diesen Frauen. Sie sieht in der Erfüllung ihrer Jungmädchenträume keinen Widerspruch zu ihrer selbstbewußten, emanzipierten Lebenseinstellung. Sie genießt frei und selbstbewußt. Um Mißverständnissen vorzubeugen: Wir sind mit Sicherheit keine Gegner der Emanzipation. Ganz im Gegenteil! Wir befürworten sie – solange es sich um eine wirkliche Befreiung, um wirkliche Gleichberechtigung, um ein wirkliches, neues Selbstverständnis (das immer Stärken und Schwächen beinhalten muß) handelt. Und eben nicht um einen neuen aufgesetzten Anspruch, der letztendlich nur zu einer Selbstkasteiung führt, die im krassen Widerspruch zum Leitmotiv Freiheit und Erfüllung steht.

Die wirkliche Freiheit hat viele Gesichter.

Die Emanzipation hat wie jede Errungenschaft den Frauen Verluste und Gewinne gebracht. Auch Siege haben ihren Preis. Und das neue Rollenverständnis der Frauen forderte so manchen Tribut.

Wo Stärke und Härte, Durchsetzungsvermögen und Beständigkeit demonstriert und bewiesen werden müssen, fallen Schwachsein, Passivität und Hingabe weg. Nicht immer nützt das den Frauen und ihren Ansprüchen auf Erfüllung ihrer Wünsche und Bedürfnisse. Was ihnen bleibt, ist auch hier, im emotionalen, erotischen Bereich, oftmals nur die Forderung, der Hinweis auf den Anspruch, genau wie der Partner Befriedigung zu finden, und der bittere Nachgeschmack, den eine Erfüllung eben hat, wenn sie im Grunde nur die Erfüllung einer eigenen Forderung war.

Und so ist es auch kein Wunder, daß sich vielerorts in Deutschlands Betten Unlust breitmacht. Nein, nicht von Frauen ist jetzt die Rede, die nicht länger nur Objekte der männlichen Begierde sein wollen – inzwischen sind es die gestreßten Männer leid, den ständigen Erwartungen und Forderungen der Frauen, die sich ihrer Bedürfnisse bewußt geworden sind, gerecht zu werden. So jedenfalls sagen es neueste Untersuchungen der Sozial- und Partnerforschung. Sie berichten von Männern, die sich verweigern, auf ihr Recht der Entsagung verweisen, darauf aufmerksam machen, daß es schließlich noch etwas anderes gibt als „nur das eine".

So manche Frau fühlt sich schmerzhaft an eigene, gar nicht so veraltete Bekundungen erinnert, an die Mühe, einen immer lüsternen Ehemann von sich zu weisen. Jetzt dagegen hat sie das umgekehrte Problem: Er versagt ihr Lust und Befriedigung. Ihr bleiben nun die Enttäuschung, die Forderung, die Unbefriedigtheit – und die Schmach: „Gerade jetzt, wo ich endlich frei bin und zu meinen Bedürfnissen stehe, läßt er mich am ausgestreckten Arm verhungern" (Zitat einer Betroffenen). Da steht sie nun also, die neue emanzipierte Frau mit all ihren neu erkämpften Rechten, und leidet. Hingabe, sich auf jemanden verlassen, auf jemanden warten – all diese passiven Regungen hat sie geopfert.

Statt dessen hat sie gelernt, hart zu sein, zu fordern, sich durchzusetzen. Und schon kündigen sich zögernd erste Schritte zur „Rückkehr zum Mann“ an. Schließlich und endlich hat Frau ihre Bedürfnisse nicht ausformuliert, um sie nun auf Eis zu legen. Er dagegen, von ihren ständigen Forderungen gründlich abgeschreckt, auf ihren Wunsch hin endlich feinfühlig und sensibel geworden, soll nun plötzlich wieder wollen, ein bißchen Leidenschaft zeigen. Es spricht auch nichts dagegen, hin und wieder zu spüren, daß er ein Mann ist, körperlich überlegen ...

Welch ein Durcheinander, welch ein Gefühlschaos. Die Illustrierten-Psychologen raten dazu, sich einander langsam anzunähern. Der Mann soll wieder etwas mehr wollen, die Frau lieber etwas weniger.

Wie befreiend klingen da die Aussagen der Lolita-Paare. Eine beiderseitige Befriedigung ergibt sich gleichsam wie von selbst, naturgegeben durch den Altersunterschied, die Differenz von Erfahrung auf der einen und jugendlicher Unerfahrenheit, Experimentierfreudigkeit auf der anderen Seite. Alles läuft ohne Angst vor Identitätsverlust, ohne Panik vor der Selbstverleugnung, dem Verrat an eigenen Idealen durch das Zulassen von Schwäche, Passivität, Weichheit.

Rebecca, 24, meint dazu:
Ich war ja zuvor mit einem Gleichaltrigen verheiratet. Die Beziehung war an sich ganz schön. Aber irgend etwas fehlte – gerade in sexueller Hinsicht. Johannes, der eigentlich gar nicht mein Typ war – zunächst – haute mich dagegen regel-

recht um. Diese Erfahrung, sich einfach zurücklehnen, abwarten und genießen zu können, ohne Angst, war wunderbar. Das galt eigentlich für alle Lebensbereiche, im Bett aber hat es mich besonders beeindruckt. Mir wurde sehr schnell klar, daß eine Beziehung zwischen Gleichaltrigen gar keine Chance hat, hier mitzuhalten. Spannung, knisternde Erotik, die ich vorher nie kennengelernt hatte, erlebte ich erst in der Beziehung mit Johannes. Ich warte voller Spannung darauf, was er macht, und bin mir gleichzeitig ganz sicher, daß er mir Erfüllung bringen wird. Ich habe das Gefühl, daß er mir sein ganzes Leben gibt, in seiner Zärtlichkeit, seiner Leidenschaft, seiner Härte und Wärme seinen ganzen Erfahrungsreichtum vermittelt. Durch seinen altersbedingten großen Erfahrungsvorsprung hat er viel mehr zu geben – wie sollte da ein Jüngerer mithalten können?

Sich gehenlassen, fallen lassen, sich dem Partner anvertrauen ohne Angst. Angst davor, ausgenutzt, verletzt oder mißverstanden zu werden. Aber auch Angst davor, sich selbst und seinen Überzeugungen untreu zu werden, die Kontrolle in einem Bereich aufzugeben, in dem man gelernt hat, seine Gefühle zu beherrschen, gegen Ausnutzung auf der Hut zu bleiben, wach zu bleiben.

Die Kontrolle, das Auf-der-Hut-Sein, haben den Frauen nicht unbedingt zur emotionalen und sexuellen Befriedigung verholfen. Der Weg zurück ist schwer. Und es soll ja auch kein Rückzug sein, sondern eine neue Annäherung unter neuen Voraussetzungen – so jedenfalls wünschen es sich die Frauen. Doch nun spielt das männliche Geschlecht nicht mehr mit.

Den Frauen bleibt nur der Weg, ein Stück Passivität zuzulassen, Vertrauen zu investieren, sich zu einem gewissen Teil wieder auszuliefern, die Kontrolle abzugeben. Und dabei trotzdem nicht das neue, so mühsam aufgebaute Selbstbewußtsein aufzugeben, sondern eine Selbstbestimmtheit zu bewahren, die auch heißen kann, sich einmal anzulehnen, sich auszuliefern.

Das fällt Frauen in Beziehungen mit Gleichaltrigen sehr schwer und ist mit großer Angst verbunden. Ganz anders sieht es in Verbindungen zwischen jungen Frauen und sehr viel älteren Männern aus. Sein Vorsprung an Reife und Erfahrung bürgt für Vertrauenswürdigkeit, seine Fasziniertheit von ihrer Jugend und Unerfahrenheit garantiert ihre Freiheit, auch wenn sie sich hingibt. Gleichberechtigung gibt es für die jungen Frauen in dieser Beziehung ohnehin nicht zu verlieren – weil sie ganz einfach nie stattgefunden hat. Er ist eben eine Generation älter, verfügt über entsprechend mehr Wissen und Erfahrung, ist ihr sozial und ökonomisch überlegen und wird es wohl auch bleiben. Und sie weiß das, ihr gefällt es. Der Kampf um die Gleichheit, der anstrengende Beweis ihrer Ebenbürtigkeit bleibt ihr erspart. Und somit erleidet sie auch keinen Verlust an Stärke, kommt nicht in den Verdacht einer Niederlage, wenn sie sich auf sexueller Ebene dem Mann hingibt, sich zurücklehnt, wartet, sich führen läßt.

Gudrun beispielsweise würde aus diesem Grund *nie wieder* eine Beziehung mit einem jüngeren Mann eingehen und führt aus, warum:
Die größte Rolle in dieser Beziehung spielt – für mich – die

Aufwertung des eigenen Selbstwertgefühls. Ganz kurz gefaßt: Für einen älteren Mann braucht eine Frau zunächst einfach nur Frau zu sein, bestechend durch Jugend und Schönheit. Ist sie zudem noch klug und anderweitig begabt, dann ist das eine zusätzliche Gabe, fast ein Geschenk.
Ein Gleichaltriger verlangt ganz selbstverständlich all diese Eigenschaften. Und ein jüngerer Mann noch viel mehr – das habe ich ja am eigenen Leib erfahren. Es war ganz schlimm. Vor lauter Panik, nicht allen Anforderungen gleichermaßen gerecht werden zu können, hatte ich mich völlig in Idealschablonen verstrickt, die mit meiner Persönlichkeit nichts mehr zu tun hatten. Und dann kam André, ein ungeheuer kluger und gebildeter Mann, und begehrte und verehrte mich – paradoxerweise gerade aufgrund meiner relativen Unerfahrenheit, meiner Unsicherheit und meiner jugendlichen Macken. Ihm brauchte ich nichts zu beweisen. Er wollte mich. Ganz einfach deshalb, weil ich jung und hübsch war. Das war für ihn Bereicherung genug und für mich eine wahnsinnige Erleichterung. Ich fühlte mich sicher, angenommen, begehrt. Und ich hatte gar keine Probleme damit, es zunächst einmal nur aufgrund meines Äußeren und meiner Jugend zu sein. Es liegt ja an mir, wie weit ich diese Äußerlichkeiten mit meinem Intellekt, meiner eigenen Erfahrung oder sonstigen inneren Werten auffülle. Aber durch diese Beziehung, die von mir zunächst nichts forderte als das Äußerliche, bekam ich gewissermaßen ein Fundament, gerade auch beim Sex. Ich muß nichts beweisen, lebe nicht unter dem Druck, toll sein zu müssen – allein mein junger Körper weckt bei André so viel Lust und Begierde, so viel Leidenschaft und Zärtlichkeit, daß ich mich eigentlich nur zurückzulehnen und zu genießen brauche. Aber gerade weil das so ist, habe ich auch immer mehr Lust bekommen, Eigenes auszuprobieren, Zärtlichkeit

zu geben, mich in unser Sexleben einzubringen. Aber es steht kein Zwang dahinter, alles kommt frei und gelöst von mir, weil ich eben nicht mehr zeigen muß, wie perfekt ich bin, wie stark und erfahren. Das ist ein ganz wichtiger Punkt.

Ein ganz anderer Punkt drängt sich hier förmlich auf. Zweifellos belegen all diese Aussagen von jungen Frauen, daß es einen durchaus einsichtigen Reiz, wenn nicht eine wirkliche Erfüllung in solch einer Beziehung für sie geben kann. Da ist von angstfreiem Zurücklehnen die Rede, von Hingabe voller Vertrauen, vom zwanglosen Experimentieren, von der Aufwertung des eigenen Selbstwertgefühls, von Jungmädchenträumen, die Wirklichkeit werden. Doch ist die Erotik für dieses Paar wirklich so einfach?

Es ist ja noch verständlich, daß ihn ihr junger Körper inspiriert und so manche Leidenschaft wieder erwecken kann. Aber sie hat immerhin einen Mann vor sich, der ihr Vater sein könnte, fast schon ihr Großvater, der alt ist, verbraucht, gezeichnet von den Jahrzehnten, die sie von ihm trennen.

„Wie kann sie nur, mit so einem alten Mann ...?" fragen sich da manche besorgt. Ein fünfzigjähriger Mann, so hart das jetzt auch klingen mag, hat nun mal einen fünfzigjährigen Körper mit den dazugehörigen Merkmalen, die wenig geeignet scheinen, die Leidenschaft einer sehr jungen Frau zu wecken.

Aber nein, es ist ganz anders, völlig anders, erklärt Svenja. Anders? Wie anders?

Ich finde Reinhard ungeheuer erotisch und schaue ihn gern an. All seine Falten und Narben sind doch Zeichen seiner Erfahrungen, die ich ungeheuer anziehend finde. Ich höre das oft: „Wie kannst du nur mit so einem alten Mann ins Bett gehen?“ Alter Mann, da fällt einem dann Schwäche, Krankheit, Verfall, vielleicht noch Impotenz ein.
Wie das bei anderen ist, weiß ich natürlich nicht, bei Reinhard jedenfalls trifft nichts davon zu. Absolut nichts. Gut, er ist mehr als dreißig Jahre älter als ich und hat viel mehr an Erfahrung hinter sich. Das merkt man daran, wie er sich bewegt, wie er mit mir umgeht. Und das sieht man natürlich auch. Aber das gehört eigentlich alles zusammen: Die körperlichen Zeichen deuten auf seine Erfahrung hin, die mich wiederum so oft glücklich macht, also sehe ich sie in diesem Licht.

Bedeutet das ein Zurück zu uralten Geschlechterrollen? Sie scheinen hier durchzuschimmern: Der Mann ist vom Leben, vom Krieg, von Kämpfen gezeichnet, und daneben steht die jungfräulich reine, makellose Frau. Doch die Zeiten, in denen die Männer wirklich kämpfen mußten, um sich und ihrer Familie das Überleben zu sichern, sind lange vorbei. Bieten die Spuren eines gelebten Lebens am Körper eines älteren Mannes hierfür einen Ersatz?

Gudrun meint dazu:
Vielleicht hat es ja etwas Animalisch-triebhaftes, aber ich finde das körperliche Zeugnis gelebter Zeiten einfach umwerfend, sehr erotisch und anziehend. Jede Falte ist doch ein Stück Lebensgeschichte, eine Erfahrung, ein Geheimnis – es können gar nicht genug sein. Andrés Körper vergleiche ich oft

mit einem Landschaftsbild – es gibt ungeheuer viel zu entdekken, und natürlich verbindet man – jedenfalls ich – auch etwas Urmännliches damit: der wilde, vom Leben gezeichnete Mann. Der Körper eines jungen Mannes ist wie eine weiße Leinwand – wenig animierend.

Wir erinnern uns: Ein Klischee über die Lolita-Beziehung besagt, daß es dem Mann nur um Sex geht, um Erotik, die zudem zu Lasten der unerfahrenen jungen Frau geht.

Die gerade zitierten Äußerungen der betroffenen Frauen beinhalten jedoch etwas völlig anderes. Die erotischen Wünsche der jungen Frauen können sich gerade in einer Verbindung mit einem älteren Mann lustvoll und angstfrei entfalten.

Die jungen Frauen sind keinesfalls Opfer egozentrischer Männer, die unter einer Midlife-crisis leiden. Nein, sie sehen sich sehr selbstbewußt als Begünstigte eines Erfahrungsreichtums, den sie weder erkämpfen noch erarbeiten mußten.

Doch natürlich übt eine sehr junge Frau auf ältere Männer eine starke erotische Anziehungskraft aus. Natürlich fühlen sich die älteren Männer als Mann bestätigt, wenn sich eine junge Frau ihnen zuwendet.

Natürlich sind die Vertreter des starken Geschlechts am herrschenden Klischee nicht ganz eben unschuldig. Und doch war es uns wichtig, zunächst festzustellen, daß auch in dieser Beziehung nichts Einseitiges besteht.

Daß das Bild der jungen, unschuldigen Lolita, die wehrlos den egoistischen Trieben eines alternden Mannes ausgeliefert ist, nicht stimmt.

Und wie sehen die betroffenen Männer die Erotik in ihrer Beziehung?

Karl, 53, und seine junge Freundin wurden natürlich mit dem Vorurteil konfrontiert, „daß er sie nur ausnutzt, um seiner Panik vor dem Alter Herr zu werden". *Aber das ist nicht wahr, einfach nicht wahr,* erklärt Karl sehr nachdrücklich. *Natürlich hat sie mich sexuell ungeheuer angezogen. Aber gar nicht so sehr vom rein körperlichen Gesichtspunkt her. Da spielte alles mit. Ihre Unbefangenheit, ihr kindlich-verspieltes Verhalten, ihre Unverbrauchtheit dem ganzen Leben gegenüber. Das rief eine ganz neue, bis dahin unbekannte Leidenschaft in mir hervor, die weit mehr war als nur Trieb, Verlangen, Bestätigung, Befriedigung ... Beinahe alles an ihrer Person zog mich erotisch an. Und dazu kam eine ganz seltsame Angst. Ich hatte wirklich Angst, sie zu verletzen, ihr weh zu tun – durch meine Lust. Ich hatte das Gefühl, sie schützen zu müssen, ein bißchen sogar vor mir selbst, sie war so verletzlich und so voll unverbrauchten Vertrauens – auch in mich. Ich wollte, daß sie glücklich ist. Das war mir wahnsinnig wichtig. Behutsam wollte ich sein, rücksichtsvoll, nur gebend.*
Es war irgendwie unbeschreiblich. Ich hatte zum ersten Mal das Gefühl, eine Frau durch meine Sexualität, meine Leidenschaft verletzen zu können. Und Sabine schien mir so verwundbar, so kostbar, ich wollte nicht das kleinste Stückchen an ihr kaputtmachen, keine noch so winzige Hoffnung in ihr zerstören. Ja, ich fühlte mich richtig verantwortlich. Für das,

was ich mit ihr machen wollte, für das, was sie durch mich erleben würde. Ich hatte wirklich Angst vor mir selbst. Darum ließ ich mir auch ungewöhnlich viel Zeit. Es kam eben nicht darauf an, sie zu kriegen, Bestätigung zu verbuchen. Schön mußte es sein, ein gemeinsames Erlebnis, das ihr Vertrauen stärken würde, ihre noch so junge Sexualität wekken sollte . . .
Mit ihr zu schlafen, war das intensivste Erlebnis, das ich je hatte. Einfach weil es so komplex war, alle Sinne gleichzeitig in mir wachrief. Ich hatte – ganz pathetisch ausgedrückt – das tiefe, dankbare Empfinden, etwas sehr Kostbares geschenkt zu bekommen, weil sie mit mir in dieser Weise zusammen war. Obwohl ich nicht der erste war, mit dem sie geschlafen hatte. Aber ich war ihr erster Mann. Ich, so dachte ich, würde sie zur Frau machen. Zu meiner Frau. Und es lag an mir, ob sie eine sexuell freie und glückliche Frau werden würde.
Dieser Gedanke machte mich richtig stolz. Meine eigene Befriedigung rückte total in den Hintergrund, sie war mir einfach nicht mehr wichtig.
Ich spürte auch das erste Mal, wie sehr Leidenschaft, also eine wirkliche, tiefe Leidenschaft sowohl mit der Seele als auch mit dem Körper zusammenhängt. Der Wunsch, mit ihr zu schlafen, hatte auch sehr viel mit der psychischen Sehnsucht zu tun, ihr nahe zu kommen, ganz tief bei ihr zu sein.

Dem älteren Mann liegt also jede rücksichtslose Selbstbestätigung auf Kosten der jungen Frau fern. Vielmehr scheint er durch die Verbindung mit der jüngeren Frau etwas zu empfinden, was „normale" Paare (auf Dauer) nur selten erleben: eine Leidenschaft, die Körper und Seele gleichermaßen betrifft. Der sexuelle Reiz beschränkt sich nicht auf einen körperlichen Moment, sondern ist ein Ganzes, bezieht sich auf die Frau in ihrer ganzen Komplexität, wirkt sich in alltäglichen Situationen ebenso aus wie in eindeutig erotischen. Warum aber gelingt bei einem Lolita-Paar spielend, was so wünschenswert für alle Paare wäre? Warum ist es für andere so schwer realisierbar?

Eine große Rolle spielt da sicher der Altersunterschied beziehungsweise eine dadurch bedingte Uneinholbarkeit. Zum einen handelt es sich um die Uneinholbarkeit der Jugend, die dem Mann durch die junge Frau ständig vor Augen geführt wird und ihn so ständig und in beinahe jeder Situation fasziniert und anzieht. Zum anderen geht es um die Uneinholbarkeit des Vorsprungs an Reife, Wissen und Erfahrung, die der jungen Frau durch den älteren Mann ebenso ständig vor Augen geführt wird. Hierdurch entsteht seine ganz besondere Anziehungskraft für sie. Diese Uneinholbarkeit, die beide gleichermaßen trifft, macht den wichtigsten Teil dieser Beziehung aus.

Auf der erotisch-sexuellen Ebene erzeugt sie jene ständig neue Faszination und Spannung, die altersgleiche Paare viel schwerer aufrechterhalten können.

Reinhard, 54, seit zwei Jahren mit Svenja, 20, verheiratet, führt dazu aus:
Etwas Reizvolleres und Erotischeres kann es gar nicht geben. In einer Beziehung wie unserer ist einfach alles möglich – unser erotisch-sexueller Spielraum ist beinahe grenzenlos. Da ist alles möglich, von erster Liebe, Unschuld, Verführung bis hin zum erfahrenen Sex mit all seinen Varianten. Und das

Wichtigste dabei ist sicher, daß das bei uns nichts Inszeniertes hat. Wir spielen nicht „jung sein, verführt werden, bezwungen werden . . ." Diese Varianten ergeben sich ganz selbstverständlich durch unseren Altersunterschied.
Natürlich erregt mich Svenjas Unerfahrenheit, ihr junger Körper, ihre Unverbrauchtheit – weil es eben genau das ist, was ich nicht mehr habe und nie mehr haben werde. Aber durch jedes Zusammensein mit ihr, durch jedes „Erobern", erobere ich gleichzeitig ein Stück Jugend, ein Stück Unverbrauchtheit für einen Moment zurück. Und dafür gebe ich ihr das einzige, was ich ihr voraushabe: Erfahrung, Sicherheit, Wissen. Eben die Attribute, die das Alter hat.

Erlaubter Inzest – so lautet ein weiteres Vorurteil, das der erotischen Beziehung dieses Paares anhaftet und das selbstverständlich alle „Betroffenen" energisch von sich weisen. Tatsächlich scheint die erotische Motivation dieser Paare ja eine ganz andere zu sein, wenngleich sie mit Unerfahrenheit und Wissen, mit Unschuld und Reife spielt.

Hier liegt wohl auch der Ursprung dieses Vorurteils: Unschuld wird immer mit Kindlichkeit, mit Hilflosigkeit und Ausgeliefertsein gleichgesetzt. Erfahrung und Alter hingegen sind gleichbedeutend mit Verantwortung, Beherrschung und Beschützerpflicht. Ein Verhalten, das diesen Zuordnungen widerspricht, ist vielen fremd und schon deshalb suspekt. Das führt dann zu den plumpen Mutmaßungen: Sie könnte ja seine Tochter sein, also vollzieht er einen erlaubten Inzest. Die Tochter hat er nicht bekommen, aber ein gleichaltriges Mädchen als Ersatz verführt.

Mit Sicherheit hat die Erotik dieses Paares etwas Grenzüberschreitendes und damit Abnormales, Fremdes, Außergewöhnliches an sich – wir zeigten schon, wie beängstigend alles Fremde, Außergewöhnliche in unserer Gesellschaft wirkt.

Im sexuellen Bereich wirkt dieser Mechanismus noch viel stärker, weil er mit noch mehr Tabus behaftet ist, als die zwischenmenschlichen Beziehungen es ohnehin schon sind. Und die Sexualität eines Lolita-Paares geht an die Tabugrenze – das ist ganz offensichtlich. Aber dort, wo etwas grenzenlos wird – auch nur zum Teil –, da wird es eben auch erst wirklich spannend.

Seit im Licht einer zunächst überwachen und später gelangweilten Öffentlichkeit die letzten Geheimnisse der Erotik zerstört wurden, hat Sexualität viel mit Routine zu tun: routiniertes Empfinden, routinierte Verführung, routiniertes Vergessen. Alles läuft nach demselben Muster ab. Es gibt immer nur Wiederholungen, Bekanntes, bis der Akt der Verführung sich letztlich ad absurdum führt.

Doch in einer Lolita-Beziehung verhält es sich anders. Denn was für den älteren, erfahrenen Mann nur Routine, bestenfalls narzißtische Spiegelung und Bestätigung ist, das ist für sie ganz anders: nämlich neu.

Sie befindet sich noch im Zustand der Selbsterprobung, das heißt, sie ist neugierig, eifrig, gespannt. Sie nimmt sein Vorgehen, seine Anforderungen, seine Begierde nur auf. Sexualität – das ist für sie noch ein Eindringen in ein Geheimnis, das sie selber ist. Es geht um ihre ganze Existenz, oder zumindest muß es ihr so erscheinen: Sie ist sich selber noch unbekannt, „unerkundet" und entdeckt sich nun über ihn.

Nichts ist gewußt, schon vorher bekannt und ergründet. Wenn der Mann nicht über seine Routine hinauswachsen kann, wird er sie und ihre Erwartungen verfehlen. Dann ist er eine Enttäuschung für sie, und das weiß er. Sie fragt ihren Körper, als erwarte sie eine Antwort, die etwas Wunderbares verbirgt. Indem sie sich preisgibt, fragt sie nach ihrer Zukunft, die ihr noch offen und ungewiß erscheint.

Sie fragt nicht nach den „Regeln des Orgasmus", fragt wahrscheinlich nicht einmal nach Befriedigung (was auch immer dies in Wahrheit sein mag). Sie fragt: Wer bin ich, wenn du mich – mit Begehren – ansiehst?

Ja, sie ist passiv in diesem besonderen, selbstbezogenen Sinn. Sie gibt ihm die Möglichkeit zu antworten – und die Antwort muß er selbst an ihr entdecken. Es könnte ihm sonst passieren, daß er routiniert Befriedigung an ihr hervorruft und dennoch nur Enttäuschung erntet. Denn, wie gesagt, allein auf Befriedigung kommt es nicht an. Sie fragt tiefer. Denn sie fragt nach sich selbst. Es gibt für sie in dieser Beziehung kein Aufspalten in Funktionen des Körpers und Funktionen des Geistes und der Seele. Hier fließt eines ins andere. Was ihren Körper bestätigt, bestätigt zugleich ihre Seele, ihre ganze Person. Wird eines verfehlt, so wird auch das andere nicht erreicht. Wird eines verletzt, wird das andere ebenfalls in seinem Zentrum beschädigt. Routine hilft hier nicht weiter, und er hat die Chance, sie weit hinter sich zu lassen. Das bewirkt sie durch ihre gespannt passive Erwartung, die in ihm eine ganz neue, viel sensiblere Empfindung wecken kann. Indem sie sich ausliefert, gewinnt sie diese eigenartige Verfügung über ihn, die ihn – zumindest für eine gewisse Zeit – aus dem Vertrauten herausstößt.

Und er – er beantwortet ihre verführerische Erwartung eben nur dann, wenn er sich diesem einzigartigen Sog ihrer Erwartungen überläßt. So ist auch er nicht länger nur der Verfügende, sondern auch der Erprobte. An die Stelle der Routine tritt ein Risiko, das auch ihn aufreißt. Eine ganz neue Ebene der Sexualität.

Wenn er in diesem hochkomplizierten sensitiven Spiel um Selbst und Sexualität nicht versagen will, muß er jede Routine, und hätte er sie auch hundertfach bewiesen, völlig vergessen. Er muß vielmehr das Geheimnis in ihr und durch sie entdecken.

Die Klugheit der Körper, die diese beiden in ihrer besonderen Beziehung aneinander entdecken, ist gewiß kein Tabu. Vielleicht nicht einmal wirklich ein Geheimnis.

Aber das Leben besteht nicht allein aus Sex. Und sei er noch so grenzenlos und erfüllend. Der Alltag nimmt noch immer den größten Teil einer Partner-Beziehung ein. Das ist für ein Lolita-Paar nicht anders.

Was bleibt im grauen Alltagstrott übrig vom Verwöhntwerden, vom unfaßbaren Glück, der grenzenlosen Leidenschaft? Was hält sich zwischen Beruf, Haushalt, Verpflichtungen und der unausweichlichen Monotonie?

Gibt es – außerhalb der Erotik – für dieses Paar einen besonderen Weg zu einer besonderen Partnerschaft? Oder ist es aufgrund des Altersunterschiedes im täglichen Miteinander wirklich zum Scheitern verurteilt – was viele Psychologen versichern und ein weiteres Vorurteil zu wissen glaubt?

6. Kapitel

Und willst du nicht mein Vater sein …

Eines der häufigsten Klischees über eine Lolita-Beziehung besagt, daß die junge Frau aus einem Vaterkomplex heraus einen älteren Mann wählt. Dieses Motiv drängt sich geradezu auf: Wenn eine junge Frau eine Verbindung mit einem Mann eingeht, der ihr Vater sein könnte, dann sucht sie einen Vater, zumindest einen Vaterersatz, sieht sie im Mann den Vater.

Ganz von der Hand zu weisen ist diese Auffassung wohl nicht. Nur weist der Sachverhalt eine größere Komplexität auf.

Die Probleme fangen bereits damit an, daß Lolita mit „Vater“ gar nicht ihren Vater meint. In dem Fall wäre in der Tat manches einfacher: Sie bliebe ganz einfach bei ihrem richtigen Vater, oder sie suchte nach einem adäquaten Ersatz, einem Abbild. In Wahrheit meint sie aber eben nicht ihren wirklichen Vater und sucht auch keinen eigentlichen Vaterersatz. Um es krass zu formulieren: Dieser wirkliche Vater spielt so gut wie keine Rolle.

Rebecca erklärt das so:
Seit ich ein kleines Mädchen war, suchte ich ihn. Ihn – damit meinte ich als Kind wohl einen bestimmten Vater und später als Jugendliche eher einen Mann. Dabei war jedoch nicht wichtig, was er war. Allesentscheidend war: wie er war.
Ich hatte ein ganz genaues Bild von ihm entworfen in meinen Kinderphantasien, den Jungmädchenträumen. Das Äußerliche interessierte mich überhaupt nicht. Also ich weiß nicht, ob er groß oder klein war, alt oder jung – das war alles nicht wichtig. Aber er war so sicher! So absolut sicher in all seinen Bewegungen, seinen Entscheidungen, seinen Taten. Und hundertprozentig verläßlich war er in seinem Verhalten zu mir. Das hieß: Er stand zu mir – noch in den schlimmsten Situationen (die sich in meinen Phantasien tausendfach ereigneten). Er war durch rein gar nichts zu verunsichern, was einmal getroffene Entscheidungen (also auch die Liebe zu mir) betraf. Ich konnte ihn nicht um den Finger wickeln, nicht wirklich beeinflussen. Und trotzdem hatte ich nie das Gefühl, er sei hart und kalt. Jede seiner Entscheidungen, auch wenn sie gegen meinen Willen getroffen wurde, war in Wirklichkeit eine Entscheidung für mich. Er war wie eine Festung – so nannte ich ihn später als Teenager. Nach so einem Menschen habe ich gesucht. Und wahrscheinlich suche ich ihn wohl immer noch. Mein wirklicher Vater war ein äußerst wankelmütiger Mensch, leicht beeinflußbar von jedermann. Und meine bisherigen Freunde und Liebhaber entsprachen meiner Wunschvorstellung nicht wirklich.
Ich sehe schon ein, daß ein wirklicher Vater gar nicht so sein kann. Vielleicht schon deshalb nicht, weil er auch Wünsche an mich hat. Das erlebe ich auch jetzt in meiner Beziehung zu Johannes. Er hat an sich schon sehr viel von diesem „Ideal“. Aber das geht kaputt, sobald seine eigenen Gefühle ins Spiel

kommen, sobald ich merke: Er braucht mich. Oder auch: Er will mich. Oder: Er ist verletzt. Das wirft mich jedesmal vom höchsten Gipfel auf die Erde zurück. Ich bin voller Sehnsucht nach diesem Menschen. Diese Sehnsucht tut richtig weh, auch in den Momenten, die nicht schöner sein könnten, ich total erfüllt sein müßte. Und trotzdem: irgend etwas fehlt. Und das läßt mich immer ein wenig traurig bleiben, sehnsüchtig – und allein. Zumindest in der Wirklichkeit . . .

Wir können an diesem Beispiel sehr deutlich sehen, daß Lolitas' Suche nach dem Vater beziehungsweise nach dem, was damit gemeint ist, wenig oder gar nichts mit dem konkreten Menschen zu tun hat.

Ihr Traum lebt durch die Gewißheit der Unerfüllbarkeit. Denn ein Mensch könnte ihre tiefe Sehnsucht niemals erfüllen. Ganz einfach, weil er Mensch ist, eigene Gefühle hat, eigene Bedürfnisse. Die Idealfigur der Lolita hat keine Gefühle, keine Wünsche, lebt einzig für sie. Lolita sucht das Unerfüllbare, das Unerreichbare – die Entäuschung.

Wenn Lolita heute das Väterliche im Mann liebt, so bedeutet dies zwar, daß sie als Kind väterliche Liebe erhalten und empfunden hat. Doch es bedeutet auch, daß sie – als Erwachsene oder Halberwachsene – noch nicht davon lassen kann. Das Vorbild oder das Urbild dieser Liebe prägt ihr emotionales Leben immer noch, wobei der Vater mehr als ersehnte (also nicht ganz erreichbare) Figur gemeint ist. Aber er hat ihr etwas vermittelt, was auch später noch ihr seelisches Empfinden lenkt.

In allen Gesprächen mit Lolita-Frauen zeigte sich immer wieder eine starke Präsenz des Vaters. Er ist da, durchzieht ihr Denken und Empfinden, ihr Erinnern. Der Vater überlagert immer wieder die aktuelle Lebenssituation, bestimmt das erwachsene oder eben nicht ganz erwachsene Lebensgefühl. Der Vater ist immer noch allmächtig, trotz seiner Abwesenheit. Er hat ihr Bild vom Mann entscheidend geprägt. Als Kind hat sie um ihn gekämpft, all ihre Gefühle auf ihn gerichtet. Und ist dabei manchmal enttäuscht worden. Heute wiederholt sie das Ringen um Liebe mit der überlegten Raffinesse einer Frau.

Ihre Empfindungen sind doppelbödig: Es hat sie wohl gegeben, diese Liebe zum Vater und auch die vaterähnliche Zärtlichkeit, die väterliche Erwiderung. Sonst könnte sie heute die vaterähnliche Zärtlichkeit eines Mannes gar nicht wahrnehmen und erst recht nicht aufnehmen und empfangen. Sie könnte nicht mit Liebe und Befriedigung darauf antworten.

Wäre die Kinderliebe zum Vater völlig mißlungen, wäre die Kindlichkeit in ihrem Wesen früher oder später erstickt oder abgestorben, dann wäre sie heute wohl eher eine mürrische, sexualfeindliche Frau. Oder – die andere Möglichkeit – sie würde das Frauliche in sich betonen und übertreiben und damit jede nur mögliche Distanz zwischen sich und den Kindstatus legen.

Nein, wenn sie bis heute davon träumt, hat sie etwas von der Zärtlichkeit und Zuwendung bekommen, die sie suchte. Das war verlockend, aber nicht genug, hat ihre Sehnsucht nicht erfüllt. Es hat nicht gereicht, um ein Fundament für den nächsten Entwicklungsschritt in eine befreite Weiblichkeit zu legen. Sie ist viel mehr auf eine bestimmte Sehnsucht oder Erwartung fixiert worden, hat ihre unerfüllten Wünsche beibehalten.

Also begibt sich Lolita auf die Suche. Auf die Suche nach der verlorenen Kinderzeit, auf die Suche nach dem verlorenen Vater.

Lolitas Suche nach dem Vater gilt also keiner konkreten Existenz. Sie gilt einer Idee, einem Bild, das er, der Vater, vor Jahren in ihr hervorgerufen hat, dem er jedoch nicht entsprechen konnte. Ein Bild, das sich vor sehr langer Zeit in ihr Unbewußtes eingesenkt hat.

Und das Unbewußte – das hat uns die Psychoanalyse in unzähligen Fällen gezeigt – ist zeitlos, ist nicht Gegenwart, nicht Vergangenheit. Es kennt kein Erinnern und deshalb auch kein Vergessen.

Im Unbewußten liegen diese frühkindlichen Erfahrungen und Träume gespeichert, zeitlos gegenwärtig wie Bilder, die im Traum an Verlorenes erinnern.

Diese Bilder bestimmen Lolitas Vatersuche. Sie sucht kein Abbild ihres Vaters, dessen reale Eigenschaften sie ja gar nicht mehr interessieren. Seine konkrete Person ist längst verblaßt vor der Gewalt ihrer Erinnerung und Traumbilder, die er zwar einst geprägt hat, die aber längst viel weiter gehen. Denn Lolita sucht jetzt eben das, was ihr Vater nicht war. Ihre Suche führt in eine seltsame Seelen-Traum-Landschaft, wie sie nur Kinder kennen und in der die Wirklichkeit nur störend empfunden werden kann.

Immer wieder läßt sie sich fallen oder hineinziehen in dieses Kinder-Traum-Land, für das sie nur allzugerne ihre erwachsene oder halberwachsene Wirklichkeit aufgibt. Sie will Zugang zu etwas, das ihr schon als Kind so schmerzlich verwehrt blieb.

Dort erst, im Unerreichbaren, tritt das gewaltige Bild des „Vaters" auf, der ihre ganze Liebe fesselte und nie wieder losließ. Der ihr noch heute den Weg in die erwachsene Welt versperrt.

Nein, mit dem gegenwärtigen Vater hat dies nichts zu tun, auch nicht mit dem realen Vater jener Kinderzeit – nur mit dem, was er in ihr auslöste, mit der Sehnsucht, die er in ihr weckte und die unerfüllt bleiben muß.

Lolita sucht also das Verlorene. Das heißt: Sie darf es auf keinen Fall und unter gar keinen Umständen wirklich finden.

Eine Erfüllung darf es nicht geben. Lolita würde daran zerbrechen. Denn die Seele ist auf so gewaltige Gefühle nicht eingerichtet.

Und genau deshalb muß auch der väterliche Mann in dieser Beziehung Lolita immer wieder enttäuschen. Sie braucht die Enttäuschung, um dem Unmaß ihrer Gefühle gewachsen zu bleiben.

Der väterliche Mann kann sie allerdings aus der Abgründigkeit ihrer Kinderwünsche retten. Denn die waren asozial, ja grausam. Wenn das kleine Mädchen den Vater begehrt, schließt das den Tod der Mutter mit ein, die ihr als Rivalin den als Mann begehrten Vater verwehrte. Und in ihren Kinderträumen wird auch der Vater selbst bestraft, weil er ihre Liebe(swut) nicht akzeptierte. Jedes Kind muß gegen diese verrückte und verrückt machende Welt des Unbewußten eine innere Zensur errichten – und die Erwachsenen können ihm dabei helfen.

Je gelassener und selbstverständlicher die Erwachsenen mit diesen Wünschen und Verboten umzugehen verstehen, desto leichter fällt es dem Kind, die Traumwelt zu einem Teil zu verdrängen und zu einem anderen Teil seelisch aufzunehmen und in neue Energien, in soziale Liebesenergien umzuformen. Dennoch wirken diese Kinderträume weiter.

Wenn „Lolita" den Vater-Mann sucht, tut sie es mit traumwandlerischer Sicherheit, ohne sich über ihre eigenen Motive und Antriebe klar zu sein, ohne sich in ihren eigenen Gefühlen auszukennen. Und sie genießt diese Verwirrung. Auch dieses Verwirrt-Hilflose ist ein Merkmal ihres Reizes, der so unwiderstehlich wirken kann.

Sie genießt also das Wiederaufleben jener Bilder, die unter Traum und Tabu verborgen liegen, sie setzt den väterlichen Mann all diesen Verwirrungen aus und hofft dabei, daß er sie immer wieder in eine beruhigte und geordnete Welt der Geborgenheit zurückführen und dort festhalten wird. Daß er sie zurückruft in die Realität, auch wenn das für sie jedesmal eine Enttäuschung bedeutet. Aber sie weiß oder ahnt zumindest, daß es eine notwendige Enttäuschung ist, eine Rettung. Sie braucht den väterlichen Mann, weil er die Kraft hat, sie zu enttäuschen. Ihre Liebe zu ihm wird dadurch nicht geringer, ganz im Gegenteil. Denn im besten Fall kann er ihre Gefühlsambivalenz auffangen. Die Bezeichnung: Vater-Mann trifft dabei die Doppelfunktion, die er für sie einnimmt, sehr genau. Das Väterliche an ihm setzt diese Gefühle, die so tief in ihrer Seele verwachsen sind, immer wieder in Gang. Und er ist zugleich der Mann, der diese Gefühle erträglich macht, auffängt und absichert.

Und er selbst? Der „Vater-Mann“? Seine Belohnung ist ihre Treue.

Außerdem ist es ja gerade ihre Kindlichkeit, die ihn fasziniert und verführt. Er kann diese Kindlichkeit nur um den Preis erhalten, auch die ganze aufgerührte Dynamik des Kinderlebens wieder und wieder zu erfahren und auszuhalten. Diesen Preis muß er bezahlen – obwohl es anstrengend, manchmal sogar zermürbend ist. In fast jeder Beziehung zwischen ungleichen Partnern ist von dieser Belastung, der erschöpfenden Dauerunruhe der Frau die Rede.

Doch immerhin – ihre Treue scheint ihm gewiß. Denn so, wie sie von ihrer Kinderwirklichkeit und deren Tiefen nicht lassen kann und will, so wird sie auch von dem Doppelgesicht, das er für sie hat, nicht lassen wollen. Sie liebt ihn mit jener kindlichen Kraft, mit der sie einst den „Vater“ liebte.

Lolitas Sehnsucht, ihre Suche nach dem „Vater“ muß also unerfüllt bleiben – auch in ihrer Liebesbeziehung, die doch so vieles in sich trägt, was eine Erfüllung möglich erscheinen ließe.

Die geheimen, verdrängten Wünsche und Hoffnungen der Lolita haben also wenig mit dem eingangs zitierten Vorurteil zu tun. Und der ältere Mann ist kaum dazu in der Lage, Lolitas Bedürfnisse zu erfüllen. Denn, selbst wenn ihre Bedürfnisse klarer, bewußter wären – die Suche nach dem „verlorenen Vater“ müßte in jedem Fall aussichtslos bleiben.

Franzy, 28, meint dazu:
Meine Liebe zu ihm war unbeschreiblich. Und sie schien die Erfüllung all meiner Wünsche zu sein. Ich sah ihn von Anfang an auch als Vater, nicht nur als Mann. Allerdings nahm ich an, daß meine Gefühle sich da so ziemlich das Gleichgewicht hielten, ich ihn also als Frau mindestens ebenso wie als Kind liebte. Jedenfalls war ich unendlich glücklich und er sicher auch. Ich war „sein kleines Mädchen“, er beschützte mich, versorgte mich, wie es ein Vater tun würde, und begehrte mich doch gleichzeitig als Frau.
Unsere Gefühle waren so stark, und wir waren einander so sicher, daß wir ein Kind haben wollten. Doch mit der Geburt unseres Wunschkindes ging alles kaputt, ging unsere Liebe zugrunde. Ich hatte ihn doch wohl viel mehr als Vaterfigur geliebt, meine Liebe war wohl viel mehr die eines Kindes zu

seinem Vater gewesen – und diesen Platz mußte ich nun räumen. Ich kam damit nicht klar. Nur als „Mann“ war er mir nicht genug. Meine Gefühle waren nicht stark genug, um mit ihm leben zu wollen. Natürlich merkte er das schnell und war bitter enttäuscht. Unsere Trennung war nur eine Frage der Zeit.
Heute glaube ich, auch wenn unser Kind nicht zur Welt gekommen wäre, wäre unsere Liebe irgendwann genau an diesem Punkt gescheitert.

Die Realität hatte sie eingeholt – in diesem Fall passierte es ziemlich schnell. Und auch gnadenlos. Durch die Geburt des gemeinsamen Kindes. Das „Wunschkind“ hat Lolita – so tragisch es in diesem Fall verlief – von ihrem Platz verdrängt, sie ihrer Rolle beraubt.

Ein Ehemann, so viele Vater-Qualitäten er auch haben mag, wird niemals ihr Vater sein können, wird niemals ganz die „Wunde“ in ihrer Seele heilen, ihr niemals die verlorene Kindheit zurückholen können. Und auch sie wird niemals wieder einem Menschen so bedingungslos vertrauen, so vorbehaltlos ihm Liebe schenken können, wie es ihr als Kind dem Vater gegenüber (beziehungsweise ihrem Wunschbild gegenüber) möglich war. Auch hier bleibt nur Enttäuschung.

Dennoch hat eine Lolita-Verbindung etwas von einer Vater-Kind-Beziehung an sich, und dennoch lassen sich kindliche Träume verwirklichen. Man muß es nur realistisch genug beginnen und einschätzen.

Svenja, gerade zwanzig, sieht es ganz nüchtern:
Ich hole mir durch diese Beziehung ein Stück Kindheit zurück, spiele ein wenig Tochter. Und das macht uns beiden Spaß.

Ihr leiblicher Vater hatte die Familie gleich nach ihrer Geburt verlassen, und natürlich hatte sie für sich ein glorifiziertes Bild der Vater-Figur aufgebaut. *Mich interessierten immer nur Männer, die so alt waren, daß sie mein Vater hätten sein können.* Einige frühere Bekanntschaften scheiterten aber daran, daß diese Männer eben über den Vater-Status hinaus als „Männer“ nicht interessant genug waren.

Verwirrend?

Für Svenja ist alles klar:
Bei Reinhard hat mich die ruhig väterliche Art angezogen. Zunächst. Dann entdeckte ich den Mann und war auch als Frau total hingerissen. Und jetzt liebe ich beides an ihm, bin Tochter und Frau – und versöhnt mit meiner traurigen Kindheit und der vaterlosen Zeit.

Und Reinhard?

Der genießt das ebenfalls. Und er weiß auch, daß er sich trotz all meines kindlichen Austobens im Ernstfall hundertprozentig auf mich verlassen kann. Auf mich als Partnerin. Als Frau. So einfach ist das.

7. Kapitel

Der erlaubte Inzest – Mythos und Wirklichkeit

Für jedes Mädchen findet die erste Begegnung mit dem anderen Geschlecht in der Familie statt. Der Vater ist für die Tochter der erste Vertreter jener andersartigen Geschlechtlichkeit, und von ihm, dem Vorbild, wird es abhängen, wie sich die Beziehungen zu einem männlichen Partner später einmal entwickeln. Sie wird ihre zukünftigen Männerbekanntschaften an diesem Vorbild messen, wird vielleicht Freunde suchen, die dem Vater sehr ähnlich sind, oder sich solchen Männern zuwenden, die das genaue Gegenbild ihres Vaters darstellen – je nachdem, ob sie als Tochter in der Lage war, das Männliche in ihrem Vater zu akzeptieren und zu achten, oder ob dieses Bild von Enttäuschungen und Verletzungen geprägt ist. Es liegt in der Hand des Vaters, ob die Tochter auf dem Weg zur eigenen Weiblichkeit Männliches akzeptieren lernt oder ob dieser Weg mit Widerständen gepflastert ist, geprägt vom Kampf gegen das männliche Prinzip. Das ist leicht gesagt, aber nicht immer leicht zu realisieren.

Vielen Vätern fällt es nämlich schwer, mit der zunehmenden Weiblichkeit ihrer Töchter zurechtzukommen. Sie versuchen, das Kindliche zu erhalten, ihr Heranreifen zur Frau zu verzögern. Und Töchter, die ihrem Vater gefallen wollen – und das ist ja meist so –, fügen sich diesem Wunsch, weichen auf die vorgeschriebene Ebene aus, auf der sie ihrem Vater imponieren können. Und haben doch eines schon erfahren: Ihr erster und damit wichtigster Mann im Leben wollte sie nicht als Frau, wollte nur das Kindliche an ihnen.

Auch ihre Mutter kann der Tochter in dieser Zeit keine Hilfe oder glaubhafte Alternative bieten. Zum einen gilt die Mutter gerade heute längst nicht mehr als Vorbild, dem es nachzueifern lohnt, und zweitens ist gerade in dieser Entwicklungsphase das Verhältnis zwischen Mutter und Tochter von Eifersucht geprägt. Söhne können sich viel bedenkenloser auf die Rivalität mit dem Vater einlassen, ihnen bleibt der Trost von der Mutter und ihre unangefochtene Zuneigung. Töchter stehen in derselben Situation vor der Schwierigkeit, um die Anerkennung des Vaters kämpfen und dabei die Mutter als Rivalin erkennen zu müssen.

Über die heimlichen Wünsche von Vätern und Töchtern erfährt man nicht viel. Sie werden meist versteckt, mit Aktivitäten zugedeckt, weil sie entweder tabu oder nicht zeitgemäß sind. Kein Vater kann lebenslang den Wunsch nach einer unberührten Tochter aufrechterhalten. Und keine Tochter ist so blind, daß sie nicht zumindest eine kleine Schwäche am väterlichen Prinzip entdecken würde.

Die griechische Mythologie bietet uns eine Geschichte an, die von diesen geheimsten Wünschen erzählt, in der Menschen das sein und tun dürfen, was ihrer Phantasie entspricht – nicht ihrer Lebenswirklichkeit.

Euripides, der die Mythen zu Dramen umformte, hat aus den zwiespältigen und unterschiedlichen Gefühlen der Töchter drei verschiedene Töchterfiguren geschaffen. Es geht darum, dem Vater durch Sanftmut und Zartheit zu gefallen oder ihn mit aller nur erdenklichen Grausamkeit zu rächen. Bei den Töchtern handelt es sich um Iphigenie, Elektra und Chrysothemis, den Kindern von Agamemnon und seiner Gattin Klytämnestra.

Alle drei verkörpern jene widersprüchlichen Aspekte, die Töchter ins Erwachsensein begleiten. Chrysothemis fügt sich schweigend in ihr Schicksal. Sie ist gehorsam und gefügig. Ihre Gefühle spielen keine Rolle. Sie zeigt die Haltung, die in der Vergangenheit von Töchtern erwartet wurde. Sie sind Marionetten in den Händen der männlichen Autorität. Aber diese Haltung bietet den Töchtern auch die einfache Lösung, darauf zu verzichten, über das eigene Schicksal nachzudenken.

Elektra verkörpert die Rebellin, und hinter ihrer Auflehnung verbirgt sich Leidenschaft. Sie kämpft für das Recht des Vaters, das auch ihr Recht ist. Sie treibt ihren Bruder an, Agamemnon zu rächen, der von Klytämnestra und ihrem Geliebten ermordet wurde. An ihrem Schicksal wird die Eifersucht zwischen Mutter und Tochter deutlich. Bei ihr tritt sie zutage, während sie bei Chrysothemis verborgen bleibt. Die Kraft für ihren Kampf schöpft Elektra aus der leidenschaftlichen Zuneigung zu ihrem Vater.

Iphigenie, die älteste der drei Töchter, ist der Liebling des Vaters. Sie ist es, die geopfert werden soll, um den Göttern die Ehrerbietung zu erweisen, die ihnen gebührt. Denn um die Götter günstig zu stimmen, muß man ihnen das Liebste opfern, das am schwersten zu entbehren ist. Iphigenie, entsetzt und enttäuscht über die Absicht ihres Vaters, fügt sich schließlich seinem Willen. Ihre Unterwerfung gilt aber nicht allein dem Vater, sie gilt vielmehr dem väterlichen Prinzip der herrschenden Ordnung. Sie ist nicht nur Opfer des Vaters, sie ist Opfer Griechenlands, des Königs und des Staates. Indem sie das hierarchische Prinzip akzeptiert, sich mit dem Vater identifiziert, ist sie bereit, ihre Weiblichkeit dem Männlichen zu opfern, das, wie sie sagt, „mehr als tausend Frauen dieses Tageslichts verdient". Iphigenie, die Priesterin, verkörpert das Unschuldige, das Unbefleckte. Sie ist die Tochter, die dem Vater treu bleibt.

In allen Töchtern steckt ein Teil dieser drei Frauen: die Leidenschaft Elektras, die schweigende Duldsamkeit von Chrysothemis und die Unschuld Iphigenies.

Chrysothemis spiegelt die Angst wider, die in wohl allen Töchtern herrscht – die Angst vor der väterlichen Gewalt, vor der väterlichen Macht.

Elektra verkörpert die eifersüchtige, rachedurstige Tochter. Sie will den Vater besitzen und eliminiert aus Eifersucht die Mutter, ihre schärfste Rivalin.

Iphigenie ist Sinnbild der Demut. Sie macht die Wünsche und Bedürfnisse des Vaters zu ihren eigenen, gibt sich vollends auf – und hin – und ist dadurch für immer an ihn gekettet.

Diese Haltungen finden sich auch heute noch in den Vater-Tochter-Beziehungen wieder. Jede Tochter hegt eine gewisse Leidenschaft (die der Elektra), besitzt einen gewissen Gehorsam, hat Angst (Chrysothemis) und trägt ein Stück weit Hingabe und Demut in sich (Iphigenie).

In einer gesunden Entwicklung, einem natürlichen Lösungsprozeß halten sich all diese Eigenschaften die Waage. Die Leidenschaft verblaßt mit der ersten Liebe zu einem anderen Mann – damit lassen auch der Gehorsam und die Angst nach sowie die Demut. Die Entwicklung verläuft jedoch nicht immer so geradlinig. Die Lösung vom Vater fällt schwer; es bedarf gewisser Anstrengungen, sich nicht mehr nach seinen Wünschen und Bedürfnissen zu richten, sondern eigene zu entwickeln. Das Bild des Vaters begleitet Töchter oftmals ein ganzes Leben lang. Und nicht nur das. Durch dieses festverankerte Bild bleibt er in all ihren Erfahrungen, in ihrem ganzen Leben unsichtbar gegenwärtig. Er behindert sie, ihre Entwicklung, ihre Gefühle. Sie sind nicht wirklich frei. Sie müssen sich lösen. Doch das ist schwierig. Und manchmal beinahe unmöglich.

„An meinen Vater erinnere ich mich kaum noch, trotzdem sind meine Beziehungen zu Männern von seinem Bild beeinflußt..." Diese kurze Aussage einer Frau beschreibt die unsichtbare Anwesenheit des Vaters bei der Wahl des Partners, in der Beziehung selbst.

Immer wieder klingt an, wie verletzlich die Vater-Tochter-Beziehung ist. Auf der einen Seite stehen die Töchter, die in ihrer Weiblichkeit, ihrem Streben nach Autonomie verletzt wurden.

Auf der anderen Seite stehen die Väter, die sich in ihrer Männlichkeit gekränkt oder verletzt fühlen, weil die Töchter sich ihrer Autorität entzogen haben. „Vater", so eine Tochter, „das ist ein von Eifersucht geplagter Mensch zwischen Angst und Hoffnung, einer, der Kultur und Natur mißtrauisch beobachtet. Ein fahriger, unsicherer, gar nicht begehrenswerter Mann." Und doch: Im Wunschdenken der Töchter überlebt die Phantasie vom starken Vater, der alles kann und alles macht, der alles richtet – auch wenn sie mit dem Verstand längst erkannt haben, daß der Vater auch nur ein Mensch wie jeder andere ist. Sie halten ihm die Treue. Daraus kann folgen, daß sie den Schritt in die innere Unabhängigkeit nicht wagen oder einen Partner nach dem väterlichen Vorbild wählen. In der Beziehung zu einem alten Mann wird die Tochter vermutlich das Verhaltensmuster weiblicher Abhängigkeit wiederholen oder sich dagegen wehren. Doch ihre Rebellion wird eher eine defensive Reaktion auf die väterliche Autorität sein als ein Kampf um die eigenen weiblichen Bedürfnisse und Werte. Diese Frauen suchen zu gefallen, indem sie Mädchen oder besser Kind bleiben. Die Hilflosigkeit der ewigen Tochter ist gleichzeitig eine Stärke. Mit ihr zwingt sie den Vater-Mann dazu, die Verantwortung zu übernehmen und die Konsequenzen aller Handlungen zu tragen. Als verantwortungsbewußter Ehemann wird er, dem patriarchalisch-väterlichen Muster folgend, es niemals übers Herz bringen, ein so hilfloses Wesen sich selbst zu überlassen. Und ihre Treue ist ihm gewiß – sie liegt in ihrer unerfüllbaren Sehnsucht nach dem starken Vater begründet, den sie nie erleben durfte.

Denn auch wenn der Vater nicht oder nur wenig präsent war, es also nicht möglich war, eine Vater-Tochter-Beziehung zu entwickeln, prägt das Bild vom Vater die Partnerwahl einer Frau. Die unerfüllten Wünsche, die diese Tochter bezüglich ihres Vaters hat, spielen in ihren späteren Mann-Frau-Beziehungen eine wichtige Rolle. Sie bilden das Motiv für die von ihr gewählte Verbindung, die emotionale Mitgift in ihrer späteren Partnerschaft.

Die Wahl eines sehr viel älteren Mannes als Partner entspringt bei der jungen Frau also im besonderen Maße aus ihrer tief verankerten Sehnsucht nach dem verlorenen Vater, nach einer ewigen Tochter-Existenz.

Dieser väterlich-töchterliche Charakter einer solchen Verbindung hat dazu geführt, bezüglich einer Lolita-Beziehung vom „erlaubten Inzest" zu sprechen. Ihr haftet ein sündiger Schein, ein Touch des Verbotenen an. Denn Inzest stellt in unserer heutigen westlichen

Gesellschaft und Kultur ein Tabu dar. Mehr noch: Ein Vergehen in dieser Richtung gilt als Verbrechen und wird entsprechend bestraft.

Das war nicht immer und überall so. Denn in früheren Zeiten und bestimmten Gesellschaften galt Inzest durchaus als legitim.

Um die Weiterexistenz einer Dynastie oder einer Familie zu gewährleisten, war es in verschiedenen Kulturen erlaubt, daß entweder der Vater die Tochter, die Mutter den Sohn oder der Bruder die Schwester heiratete. Hierfür gab es staatliche oder sogar religiöse Begründungen.

Diese Rechtfertigungen gelten heute nicht mehr. Erhalten geblieben ist jedoch der geheime Wunsch der Väter, die eigene Tochter zu besitzen? Warum?

Sie ist jung, sie ist schön. Mit ihrer Unschuld und ihrer Natürlichkeit verzaubert sie den Vater. Ist es nicht höchstes Ziel des Vaters, diese Unschuld, die unverdorbene Seele zu bewahren? Und ist sie nicht viel eher durch ihn, den Erzeuger, den Blutsgleichen, gewahrt als durch einen Fremden?

Wie dem auch sei: Durch Gesetz und Tabu ist dem Inzest ein Riegel vorgeschoben, entsprechende Wünsche werden verboten und verdrängt. Und doch bleibt in den Vätern die Sehnsucht, zum einen die Unschuld der Tochter zu wahren, zum anderen sie zu besitzen, auch um sie zu schützen. Diese Ambivalenz von Begierde und Beschützen-wollen beherrscht auch die Beziehung eines älteren Mannes zu einer jungen Frau. Sie ist vielleicht die einzige Partnerform, in der diese historisch so tief verankerten menschlichen Wünsche zu einem kleinen Teil lebbar werden – was die Faszination einer solchen Beziehung noch verstärkt.

8. Kapitel

Die Absage an die Mutter – der Bruch mit der Norm

Auch die Entscheidung des Mannes, sich einer weitaus jüngeren Frau zuzuwenden, geht auf eine tiefe Spur im Unbewußten zurück. Gewiß ist diese unterschwellige Verbindung zu seiner Vergangenheit, zu seinen kindlichen Erfahrungen nicht so direkt und nicht so weitreichend, wie wir es bei der jüngeren Frau gesehen haben. Dennoch sind seine Verhaltensweisen, seine Vorlieben und Faszinationen ebenso von jener Dynamik gespeist, die sich im frühen Familienrahmen an seine ersten Erfahrungen gebunden haben.

Wir wissen ja heute aus der psychoanalytischen Erfahrung, und wir formulierten es schon im Zusammenhang mit der Vater-Bindung der jungen Frau: Das Unbewußte ist zeitlos und vergißt nicht. Über das Unbewußte wirken jene frühen Prägungen aus den allerersten Kinderjahren bis in alle reiferen Ich-Bezüge des Erwachsenenalters hinein. Darin also gibt es keinen Unterschied zwischen jüngeren und älteren Menschen, zwischen Unreife und Erfahrung.

Vielen dieser aus frühester Prägung herrührenden Energien kann man ihre Herkunft gewiß nicht mehr ansehen, sie erschließen sich allenfalls im Laufe einer Psychoanalyse. Sie sind auch der Selbstwahrnehmung nicht zugänglich. Gleichwohl wirken sie sich auf das Verhalten aus.

Um die Prägungen der heute vierzig-, fünfzig- oder sechzigjährigen Männer zu erkennen, muß man bedeuten, daß sie autoritär und leistungsbezogen erzogen wurden, was sich natürlich auf ihr Sozialverhalten und ihre Kommunikationsfähigkeit auswirkt. Dieser autoritäre Erziehungsstil brachte es mit sich, daß die Wünsche nach Zuwendung, Liebe und Geborgenheit nicht erfüllt wurden. Die Folge war bei vielen Männern dieser Generation, daß diese abgewiesenen Bedürfnisse sich gleichsam „versteinerten".

Und das führte nicht nur dazu, daß die „weicheren" Bedürfnisse im Sozialleben eine geringfügige und untergeordnete Rolle spielen, sondern darüber hinaus auch dazu, daß diese „weichen" Bedürfnisse abgewiesen und eine aggressive Abwehr gegen ihr Aufkommen errichtet werden mußte.

Aus dieser fortwährenden Abwehrhaltung, die im Kern des leistungsstarken „Ich" vieler Männer wirkt (besser gesagt: wütet), entstehen viele der Verhärtungen, die man am Verhalten von Männern bezeichnenderweise dann beobachten kann, wenn sie in Gruppen oder in festgefügten Berufssituationen auftreten.

Also sind nicht nur alle „weicheren“ Bedürfnisse nach Weichsein, Harmonie und Zuwendung unzugänglich geworden, sondern die Männer fürchten sie darüber hinaus auch wie eine permanente Verführung und müssen sie deshalb aggressiv abweisen. Darauf baut sich die charakteristische Typologie des leistungsstarken, durchsetzungsfähigen, energischen und entscheidungsfreudigen Mannes in mittleren Jahren auf.

Aber in Wahrheit sieht alles ganz anders aus. Die Wahrheit des Unbewußten ist ganz anders, weil dort die vielen uneingelösten Bedürfnisse, beispielsweise nach mütterlicher Nähe oder zarter Sanftheit, gespeichert sind, die eigentlich darauf warten, endlich abgerufen zu werden.

Dieses Warten kann ein ganzes Leben andauern; diese Bedürfnisse werden vielleicht nie erfüllt. Nicht nur die Wahrheit des Unbewußten ist ganz anders. Ebenso anders sind die sozialen Situationen, im Beruf oder privat, in denen Männer dieses leistungsstarke Bild aufrechterhalten suchen.

Jeder kennt die alkoholseligen Sentimentalitäten, die in Männerrunden abends in Kneipen oder an anderen sozial erlaubten Orten ausgetauscht werden. Sie sind nur ein Indiz dafür, daß auch dieser durch Verdrängung verhärtete Mann in Wahrheit unermüdlich auf der Suche nach Kommunikation und Harmonie ist. Selbst dort, wo er dem Bild des harten, cleveren, tüchtigen und manchmal unbarmherzigen Entscheidungsträgers entspricht, das ihm aufgezwungen wurde, selbst dort sucht er insgeheim nach Kompromissen und „weichen" Lösungen. Denn dieses festgefügte Rollenverständnis vom starken Mann bedeutet für fast alle Männer eine beinahe unerträgliche Anstrengung. Und wären sie nicht auf die Überzeugung fixiert, sie könnten sich Weichheit nicht leisten, gäbe es längst eine „sanfte Rebellion der Männer", eine Rebellion gegen eben diese Festlegung auf Klarheit, Vernunft, Härte.

In Anfängen existiert diese Rebellion ja auch bereits, sie wird heute unter mancherlei Tarnparolen wie „New age im Management" etc. diskutiert, aber zum Durchbruch im Sinne einer sozial verbindlichen und lebbaren Alternative ist der Weg noch sehr weit.
Und nun zurück zu „unserem Paar".

Der Mann ist in dieser Beziehung gleichsam eingespannt, ja sogar eingeklemmt zwischen zwei Generationen – einer alten und einer jungen – die beide paradoxerweise dasselbe von ihm fordern. Die eine Generation ist die seiner Eltern (also der Siebzig- oder Achtzigjährigen) – eine Generation, die autoritäres und nationales Denken und Handeln, die in der deutschen Geschichte so bestimmend waren, noch erlebt und verinnerlicht hat. Sie ist von Autoritätsgläubigkeit und Leistungsfixierung bestimmt.

Diese Elterngeneration hat ihren Kindern Pflichtgefühl beigebracht, ein Verantwortungsbewußtsein, das vor jedem individuellen Bedürfnis Vorrang hat. Sie hat den Kindern einen sehr starken Leistungsgedanken vermittelt. Leistung, in welcher Form auch immer, hatte für sie Vorrang gegenüber den weicheren und passiven Eigenarten ihrer Kinder – sofern diese überhaupt wahrgenommen wurden.

Leistung galt als Voraussetzung für Glück. Ein Glück jenseits des Leistungsdenkens schien dieser Generation unvorstellbar. Und dies galt unabhängig von Inhalten. Leistung bezog sich sowohl auf hochwertige künstlerische oder geistige Leistungen als auch die Erfüllung von Akkordnormen oder des vorgegebenen Pensums bei mechanischen Arbeiten. Die Prägung, die in das Unbewußte eingegangen ist, war in beiden Fällen dieselbe. Diese Generation hat außerdem ihren Kindern die Anerkennung jeglicher Autorität beigebracht.

Dies gilt sogar für jene, relativ wenigen Familien, die sich in bestimmten Phasen dem autoritären Anspruch eines Staates (beispielsweise im Faschismus) entzogen. Autorität – Leistung – Moral, das waren demnach die Leitbilder, die den heute vierzig- oder fünfzigjährigen Männern vermittelt wurden und in ihr Unbewußtes eingingen. Damit war ein Rollenbild fixiert, das auf der Unterordnung individueller, „weicher" Bedürfnisse basiert.

Leistung – Autorität – Moral, das sind abstrakte Eigenschaften, die kein kindliches „Ich" erwerben kann, ohne einen hohen Preis zu zahlen.

Und dieser Preis ist bezahlt worden! Der Mann mag heute nichts mehr davon wissen, aber in seinen Aversionen und in bestimmten unterschwelligen Aggressionen, mit denen er unerfüllte Wünsche und unerwünschte Charakteristika abwehrt, werden sie wieder spürbar. An diesem geheimen Weitersuchen, jenseits der sozialen Norm, gibt es keinen Zweifel – obwohl das immer wieder übersehen wird.

Die Eltern haben einen ständigen Druck ausgeübt, den der Mann verinnerlicht hat. Er könnte diesen Druck auch gar nicht ohne weiteres aufgeben, nicht ohne Anstrengung und ohne Hilfe von außen entkommen. Dieser Druck, dieser Zwang, diese Fixierung ist ja Teil seines „Ich", insbesondere Teil seiner vermeintlichen „Ich-Stärke". Ein Mann geht unerträgliche Risiken ein, wenn er sich – in noch so vorsichtigen Schritten – davon zu trennen sucht.

Und die andere Anforderung, die so verhängnisvoll mit jener der Elterngeneration übereinstimmt, kommt von der jungen Frau. Denn jene Eigenschaften, die sie verlangt, stimmen mit den elterlichen Erwartungen überein. Auch sie fordert Stärke, Autorität, Lenkung. „Harte" Eigenschaften also, die den Mann wieder an seine frühen Prägungen binden. Und doch – die Zuwendung zu einer so viel jüngeren Frau bedeutet auch eine Art von Protest.

Protest gegen die Eltern, gegen jene Normen und Forderungen, die die Eltern (die Eltern-Imago) für ihn aufstellten. Er, der so sehr darauf angewiesen ist, die von ihm geforderte Leistung zu erbringen, Karriere zu machen, Führungsqualitäten zu beweisen, er, der an bestimmte Normen gefesselt scheint, wendet sich nun durch die Zuwendung zu einer jungen Frau ganz deutlich von ihm vermittelten Normen ab. Dies ist für viele Männer ein gewaltiger Schritt. Denn hiermit rangiert für sie – wahrscheinlich zum ersten Mal – eine Liebesbeziehung höher als eine Normerfüllung. Sie lösen sich aus der Rolle des fügsamen Sohnes. Nun darf der Begriff des „fügsamen Sohnes" nicht darüber hinwegtäuschen, daß ein Mann auch da noch fügsam ist, wo er sich in scheinbarer Rebellion von den elterlichen Normen abgewandt hat.

Die frühen Fixierungen sind weniger an konkreten Zielen zu erkennen als an Details des Verhaltens: In der Besessenheit, mit der einer nach dem passenden literarischen Ausdruck sucht, findet sich noch die rigide Forderung nach Perfektion, die ihm vermittelt wurde. Eine Forderung, die er ebensogut im Geschäftsleben einlösen könnte. Der Wunsch der Eltern, so wie er sich im Unbewußten eingegraben hat, wird in beiden Fällen gleichermaßen erfüllt: Ob der Sohn nun glaubt, in direkter Opposition zum Vater oder in direkter Nachfolge zu handeln, spielt dabei keine Rolle.

Deswegen wiegt der Bruch der Norm so stark. Welche Norm es auch immer war, der der erwachsen gewordene Sohn gehorchte – in jedem Fall gehorchte er einer Norm, die von außen gesetzt war, die jenseits jener verdrängten „weichen" Bestrebungen lag. Jetzt bricht er mit der Norm. Er bricht deshalb, weil er in jenem gefährlichen Bereich des Sexuellen Bindungen eingeht, die mit den Vorstellungen und Bildern, die man sich von ihm gemacht hat, nicht mehr übereinstimmen.

Er verweigert die Nachfolge, er ist nicht länger mehr der Sohn, der Werte und Normen fraglos übernimmt. Es geht nicht darum, daß er eine Frau wählt, die seinen Eltern nicht gefällt, sondern es geht um den Bruch der Norm. Denn es ist ein geheimer Skandal, wenn ein vierzigjähriger Mann mit einer Zwanzigjährigen eine Verbindung eingeht.

Diese Entscheidung ist nicht nur ein Bruch mit einer abstrakten Ordnung, mit leblosen Normen oder Gesetzen – es ist eine direkte Absage an ganz konkrete Menschen: an die Mutter als Person, als Frau. Und so wird sie auch empfunden.

Wir wissen, daß im Leben jedes Mannes die Mutter eine wichtige und sehr prägnante Rolle spielt. An ihr mißt er später andere Frauen, die Frauen, mit denen er Beziehungen eingeht. Er vergleicht, bewertet. Und solange er jung ist, bleibt seine Mutter aufgrund seiner kindlichen Gefühlshingabe bei all diesen Vergleichen die strahlende Siegerin. Unerreichbar. Unersetzbar.

Sie prägt sein Leitbild von einer Frau, sie erscheint ihm als vollkommen, voller Überzeugung beteuert er: „Ich heirate dich, Mama, oder eine Frau, die genauso ist wie du."

Da glüht das Herz jeder Mutter vor Stolz. Da fühlt sich auch der Vater bestätigt – in seiner eigenen Wahl. Und tatsächlich wählt der Sohn häufig eine Partnerin, die seiner Mutter gleicht, führt ein jugendliches Abbild seiner Mutter zum Traualtar.

Ein Abbild.

Diese Bezeichnung trifft das Motiv und beschreibt zugleich die Enttäuschung, die dieser Entscheidung obliegt und die unabwendbar folgen muß.

Die muttergleiche Frau kann eben niemals so sein wie die verehrte Mutter selbst. Sie wird ein Abbild bleiben, auch wenn sie es darin zur Perfektion bringt.

Sie wird immer zweite Wahl bleiben – als eigenständige Persönlichkeit unerheblich und unwichtig. Wichtig allein ist, daß sie dem Vorbild nacheifert, einem Vorbild, das sie allerdings nie einholen wird und nie einholen darf.

Dafür sorgt schon der Mann, der das glorifizierte Bild der Mutter in sich trägt, es gleichsam als Fundament all seiner Entscheidungen benutzt. Eine allzu geglückte Kopie, vielleicht sogar angereichert durch eigene, neue, faszinierende Elemente, brächte sein verinnerlichtes Idealbild und damit sein ganzes bisheriges Leben ins Wanken, das ja immer von diesem Bild bestimmt wurde. Also wird er – unbewußt – dafür sorgen, daß seine Abbild-Frau niemals ganz die Bedeutung der Mutter – des Originals – erreichen wird. Unterstützung erfährt er bei diesem Unterfangen – durch seine Mutter. Mütterliche Eifersucht ist normal. Und durchaus verständlich. Wer kann schon die Monopolstellung im Herzen des Sohnes aufgeben, ohne einen Stich von Trauer, Schmerz und Eifersucht zu empfinden.

Schließlich war die Mutter unangetastet zwanzig Jahre lang die Nummer eins. Wenn sie auch wußte, daß irgendwann eine andere Frau kommen und sie unweigerlich vom Sockel ungeteilter Liebes- und Sehnsuchtsprojektionen stürzen würde, daß sie ihren Platz für eine andere Frau räumen mußte, die fortan all die Liebe und Aufmerksamkeit empfangen würde, die sie so lange für sich beanspruchen konnte.

Die ersten Teenager-Liebeleien, die früher oder später an Oberflächlichkeit und Bedeutungslosigkeit zerbrachen, stellten noch keine Gefahr dar.

Aber nun tritt eine Frau ins Leben des Sohnes. Und es ist anders als sonst. Es ist ernst. Die Zeit ist gekommen, den Platz zu räumen. Sicher, das wußte die Mutter, – aber es tut ihr trotzdem weh. Ein bißchen weniger schmerzt es, wenn die erwählte Frau ihr selbst sehr ähnlich ist. Welche Anerkennung und welches Kompliment birgt diese Wahl schließlich in sich. Er hat seine Frau nach ihrem Vorbild gewählt! Das läßt sie den Verlust eher verschmerzen.

Das schmeichelt ihr, nicht nur als Mutter, sondern mehr noch als Frau. Denn seine Wahl bedeutet doch nichts anderes, als daß er sie, die Mutter, auch als Frau verehrens-, liebens- und begehrenswert findet.

Die Eifersucht schrumpft auf ein erträgliches Maß, da sie auch Stolz und Selbstbestätigung erfährt. Und so fällt es längst nicht mehr so schwer, der „Nachfolgerin“ den Platz zu räumen. Denn sie ist ihn wert.

Diese Bestätigung der Mutter – und damit auch des Vaters (denn der Sohn trifft die gleiche Wahl wie früher der Vater) knüpft das Band zwischen den beiden noch enger, und das zu einem Zeitpunkt, wo es eigentlich hätte gelockert werden müssen. Und die versöhnte Mutter wird alles dafür tun, es nicht lockerer werden zu lassen. Das glückt bereits durch ein geschicktes ständiges Aufmerksammachen auf die „Gleichheit" ihrer (direkten) Nachfolgerin. Und der ständigen Bewußtmachung: Sie ist eben nur die Nachfolgerin. Solche Konstellationen sind beileibe keine Ausnahmen oder Einzelfälle. Nicht umsonst füllt die Problematik: „Schwiegermutter kontra Ehefrau" einige Ratgeber-Bände.

Schwiegermütter sind allseits bemüht, Ähnlichkeiten hervorzuheben, selbst wenn sie gar nicht vorhanden sind. Doch wenn es sie gibt, wird reichlich ungeniert betont: Sie ist fast so wie ich, als ich in diesem Alter war, aber eben doch nicht ganz. Diese Dynamik ist beinahe ständig und überall zu beobachten, wenn man Familienstrukturen genauer erforscht.

Soweit der Normalfall. Doch was passiert, wenn der Sohn eine viel jüngere Frau wählt, ein Mädchen, das seine Tochter sein könnte? Die Mutter ist nicht nur tief enttäuscht, sie erlebt seine Wahl als Schmach und Schande.

Der gesellschaftliche Skandal, den seine Heirat auslöst, wird noch verschmerzt. Irgendwie hat es ja auch sein Gutes, seine Richtigkeit; die Jugend muß eine neue Richtung einschlagen, Neuland erkunden. Muß Ordnungen brechen, um neue, vielleicht bessere, modernere aufstellen zu können. Es hätte vielleicht nicht unbedingt der eigene Sohn sein müssen, der sich dafür stark macht. Aber damit kann man leben.

Aber kaum oder gar nicht ertragen kann die Mutter die Zurückweisung ihrer selbst, ihrer Leitbildfunktion, die untrennbar mit der Partnerwahl des Sohnes verbunden ist. Er hat nicht nur eine völlig andere Persönlichkeit, einen anderen Typ vorgezogen, um so die Distanz zwischen seiner „ersten Frau“ und ihrer Nachfolgerin zu demonstrieren – nein, er hat eine Frau gewählt, die sie nicht als Nachfolgerin ansehen kann. Das empfindet die Mutter wie einen Schlag ins Gesicht.

Eine ganze Generation, zwanzig Jahre oder mehr, ein halbes Leben, eine andere Welt, andere Bilder und Normen legt er mit dieser Verbindung zwischen sie, die Mutter, und diejenige, die ihre Nachfolgerin sein sollte. Und damit bekennt er sich zu ganz anderen Werten, als sie ihm vermittelt hat.

Auch der Vater gerät ins Zweifeln, fühlt er sich doch als Vorbild deutlich degradiert. Kein Wunder, daß der Familienfriede bei Lolita-Beziehungen gestört ist. Durch die Absage an Werte und Normen der Eltern, sogar an Vater und Mutter als Person scheint der Sohn unabwendbar verloren – in jeder Beziehung.

Mit der Verbindung zu einer sehr viel jüngeren Frau bricht der bis dahin in gängige Normen verstrickte Mann also aus. Denn für diese Beziehung (das ist der entscheidende Punkt!) gibt es keine Norm. Sich darauf einzulassen ist ein Sprung, ein Absprung ins Ungewisse, ins Unbekannte. Er muß mit sehr schwachen, weil unerprobten Kräften ausgehalten werden. Und dies gilt in erster Linie für den Mann.

Und wo dieser Sprung, dieses Durchbrechen einmal gelang, da kann es auch ein zweites Mal gelingen. Der ältere Mann ist zwar eingeklemmt zwischen den Erwartungen, die von zwei anderen Generationen gleichzeitig an ihn gerichtet werden, aber er kann auch die unvergleichliche Erfahrung machen, mit einem Leben nach starren Mustern und Normen zu brechen.

Auch das bedeutet einen Sprung ins Ungewisse oder genauer: einen Sprung in die Vergangenheit, in die Kindheit, zurück zu den verdrängten „weiblichen" Bedürfnissen.

Ist dieser Sprung aber einmal gelungen, führt er zu Veränderungen, die nicht wieder rückgängig zu machen sind. Diese Veränderungen bedeuten schlicht, daß das „Ich" von nun an weniger normgebunden ist, weniger angewiesen auf Anerkennung oder Kritik, sich weniger an abstrakte Formeln als an eigene Wünsche bindet.

Das sich in diesem Prozeß entwickelnde neue „Ich" ist auch fähig, andere Normen, Bilder und Werte, andere Fixierungen zu durchbrechen.

Hier eröffnet sich eine Chance.

Für ihn und für sie. Die Chance für eine Freiheit, die sich im Inneren einer Beziehung ausbildet. Es geht darum, die Angewiesenheit auf von außen gesetzte Normen und auf soziale Anerkennung zu überwinden. Statt dessen erfolgt eine Konzentration auf die eigenen Wünsche beziehungsweise die Wünsche, die sich in der Beziehung entwickeln. Diese Beziehung eröffnet dem Mann also die Chance, sich neu zu definieren. Und wenn es ihm gelingt, wirklich frei zu agieren, bietet er auch der jungen Frau diese Möglichkeit, die ja auf seine geistige und charakterliche Stärke angewiesen ist. Wirkliche Stärke, dies müssen wir nun präzisierend hinzufügen, entfaltet sich eben in der Abwendung von der Norm, in der wirklichen Überwindung jener elterlichen Anforderungen, die als Fixierung in ihm lebten und ihn in eine Infantilität zwangen, die sozial honoriert wurde.

Mit ihrer Hilfe also legt er, der Mann, einen größer werdenden Abstand zwischen sich und seine Eltern. Einen Abstand, der eine ganze Generation ausmacht. Hierbei handelt es sich nicht nur um einen Altersabstand, sondern vor allem um die Ablehnung, die Nachfolge anzutreten.

Er wendet sich vielmehr gegen alle Fixierungen.

Das wirkt sich natürlich auf sein Verhältnis zur jüngeren Frau aus. Denn was immer sie fordern mag, an welchen Klischee-Bildern vom „starken Mann“ sie ihn messen mag, er ist nun dafür gewappnet, sich solchen Normen zu widersetzen, die seinen seelischen Möglichkeiten widersprechen. Dies beinhaltet eine Chance zur Freiheit, die auch für sie gilt. Denn jene Fixierungen, von denen sie sich nicht lösen kann, werden nun von ihm aufgenommen und gelockert, bekommen eine andere Qualität, nämlich die der wirklichen Liebeserfahrung zweier Menschen.

Das ist ein Idealbild – gewiß. Aber es ist ein Idealbild, das auf den besonderen Bedingungen dieser Paar-Beziehung basiert.

9. Kapitel

Alt und jung, das tut nicht gut – Widersprüche und Chancen

In den letzten Kapiteln haben wir festgestellt, daß einem altersverschiedenen Paar einige Vergünstigungen zufallen, in dieser Beziehung ein naturgegebenes Spannungselement herrscht, das sich ein gleichaltriges „normales" Paar erst erarbeiten müßte.

Die Ungleichheit des Alters und damit der Lebenserfahrung und Lebenseinstellung wirft jedoch mancherlei Reibungspunkte auf – nicht nur im positiven Sinne.

Ein Sprichwort soll verdeutlichen, was gemeint ist: „Alt und Jung unter einem Dach, das tut nicht gut, gibt böses Blut." Es bezieht sich wohl hauptsächlich auf das Zusammenleben von Eltern und erwachsenen Kindern, verdeutlicht aber auf jeden Fall die Überzeugung, daß verschiedene Generationen nicht harmonisieren können in einer engen Gemeinschaft.

Ein Lolita-Paar muß es.
Und will es.
Aber kann es das wirklich?

Auf Dauer? In allen Bereichen des täglichen Lebens, des täglichen Miteinanders?

Diese beiden Menschen haben aufgrund ihres unterschiedlichen Alters ebenso unterschiedliche Lebensumstände, -einsichten, -erwartungen und -ansprüche. Die Kombination der beiden mag in der Theorie reizvoll und herausfordernd wirken – aber wie wirkt sich das im Alltagsleben aus? Wie gestaltet sich die Lebenspraxis, die eine Vereinigung so verschiedener Lebensmuster eigentlich gar nicht zulassen kann oder zumindest ein Opfern der eigenen Persönlichkeit fordert? Kann es eine Gemeinschaft für diese Menschen geben, die „besser nicht unter einem Dach leben sollten", wie das Sprichwort rät?

Ganz klar: Am Anfang scheint in allen Bereichen, auf allen Ebenen für dieses Paar nur eines zu gelten: Bereicherung. Das ist im kulturellen Freizeitleben nicht anders. Die Welt vergrößert sich, wird komplexer. Durch diese Verbindung erhält jeder der beiden Partner sozusagen einen legitimen Zugriff auf zwei verschiedene Generationen mit all ihren Angeboten und Entwicklungen.
Und das ist eine ganze Menge.

Flexibilität ist angesagt und macht ungeheuer viel Spaß: Am Anfang! Schließlich und endlich ist man ja verliebt und will die Welt des Partners kennenlernen. Und wer wollte den Reiz bestreiten, der ein Fluktuieren zwischen den Generationen bedeuten kann?

Seine akrobatischen Verrenkungen in der Diskothek können da genauso umwerfend sein wie ihre Versuche, einem Vortrag über die industrielle Entwicklung der fünfziger Jahre zu folgen. In jedem Fall kommt etwas Außergewöhnliches ins Spiel – ins Leben.

Jedes Außergewöhnlichsein birgt Spannung und damit neue Nahrung für die Verliebtheit und gegenseitige Anziehungskraft dieses Paares.

Besonders zu Anfang.
Oder nur am Anfang?

Denn (leider) ist es hier nicht anders als mit jeder anderen neuen Erfahrung mit Freunden, Exkursionen in fremd (gewordene) Kulturen überhaupt: Der Reiz verblaßt, erschöpft sich bei jeder Wiederholung, die Spannung läßt nach. Unlust macht sich breit. Bei beiden.

Es ist nun einmal so, daß sich ein Fünfzigjähriger (in aller Regel) nicht wirklich und schon gar nicht dauerhaft für rhythmische Zuckungen in der Disko begeistern kann und wirtschaftliche Vorträge oder Vergleichbares nicht wirklich und ebensowenig dauerhaft dazu geeignet scheinen, eine Zwanzig- oder Fünfundzwanzigjährige zu fesseln.

Was nun?

Muß sie auf die Disko, auf Partys, auf ungezwungenes Beisammensein mit Gleichaltrigen und er auf interessante Vorträge, den Schachklub, gemütliche Leseabende zu Hause verzichten, um einer zweifelhaften, scheinbaren Zweisamkeit willen, die auf dem wenig verläßlichen Fundament eines Opfers aufbaut?

Keines von beiden darf passieren, wenn sich diese Beziehung als verläßliche, dauerhafte, für beide befriedigende Verbindung erweisen soll.

Das bestätigen auch die Aussagen der Paare, denen das Kunststück einer glücklichen Gemeinschaft gelungen ist: Jeder bleibt, wo er hingehört, und geht dahin, wo er hingehen möchte.

In der Praxis bedeutet diese Lösung: Sie geht in die Disko, auf Demonstrationen und auf Uni-Feten, und er bleibt im Schachklub oder im gemütlichen Lesestuhl zu Hause. Schön und gut. Doch wo – bitte – bleibt die Zweisamkeit?

Man mag es nicht glauben, aber sie kommt und bleibt gerade dadurch, daß sie nicht erzwungen wird, nicht aufgesetzt ist, nicht zu Lasten einer persönlichen Entwicklung geht. Dann nämlich, wenn sie mehr ist als eine zur Schau getragene Einheit, die es bei diesem Paar gar nicht geben kann und darf.

Diese Beziehung hat überhaupt nur dann eine wirkliche Chance, wenn es beiden gelingt, ihre altersgemäßen Interessen weiterzuverfolgen und auszuleben. Nichts wäre tödlicher für diese Verbindung als das Opfern der eigenen Identität und Wünsche. Und nichts wirkt lächerlicher und reizloser als ein Fünfzigjähriger, der versucht, es einer Zwanzigjährigen gleichzutun, oder eine Zwanzigjährige, die die Attraktivität ihrer Jugend und Unerfahrenheit mit vorweggenommener Erfahrung aus zweiter Hand und Nachplappern übertüncht.

Natürlich hat dieses „Man-selbst-bleiben“ seinen Preis. Es scheint oftmals so verlockend, die eigenen Wünsche zurückzustecken; Hauptsache, man ist zusammen, ist in des Partners Nähe. Es erfordert mit Sicherheit auch große Toleranz, viel Vertrauen in sich selbst und den anderen, den Partner vergnügt unter seinesgleichen zu wissen, ohne mit Eifersucht zu reagieren.

Es beinhaltet immer ein Stück „Freigeben“ und eine Offenbarung: der eigenen Person und der des anderen. Und das ist zugleich die große und wirkliche Chance, eine glückliche Beziehung voller Vertrauen und Freiheit aufzubauen.

Dieses Paar ist durch seine Außergewöhnlichkeit definiert. Das ist seine Chance. Diese beiden werden auf die eine oder andere Art – unausgesprochen oder ausgesprochen direkt oder indirekt – immer so etwas wie Außenseiter sein.

Sie sind es nicht deshalb, weil sie bewußt eine Außenseiterrolle gewählt hätten, und sie wissen möglicherweise nicht einmal, wie sehr sie gegen Konventionen und Zeitgeist verstoßen. Dieses eigenwillig Altmodische, das ihrer Beziehung anhaftet, das macht ihr Verhältnis zu etwas Außergewöhnlichem. Und das wirklich Außergewöhnliche ist immer auch ein Ärgernis.

Doch fragen wir weiter nach den altersbedingten Unterschieden.

Sie ist jung. Ihr steht die Welt offen. Sie lebt noch mit dem unverbrauchten Kredit einer möglichen Begabung, einer möglichen Karriere. Sie wird noch unzählige Begegnungen haben, und keiner kann sagen, wohin sie dabei geführt wird. Sie kann noch diesen oder jenen Beruf erlernen und sich bei ihrer Entscheidung jeweils auf ein Talent berufen, von dem noch niemand wissen kann, ob es existiert oder nicht.

Sie ist jung. Jugend ist ein Wert, der in unserer Gesellschaft fast schon zum Fetisch geworden ist. Sie hat das Duell mit der Zeit noch nicht verloren. Gegenwart und Zukunft vermischen sich für sie. Alles ist offen und ungewiß. Alles ist im Aufbruch.

Er dagegen hat eigentlich nur seine Vergangenheit. Und gerade in der Beziehung zu ihr soll er ja schon alles bewältigt, erarbeitet und bezwungen haben. Das Offene und Unabsehbare, das die Zukunft erst produktiv macht, ist ihm versperrt.

Er gewinnt seine Identität und seine Bedeutung vor allem durch seine berufliche Laufbahn, seine Karriere. Er kann sich nicht mehr auf ein unentdecktes Talent berufen, das sich in der Zukunft noch beweisen wird. Unsere Gesellschaft erlaubt einem Vierzig- oder Fünfzigjährigen keine Abweichung von seiner Vergangenheit. Und sie, die junge Frau, will, daß er von Dingen redet, die er erfahren hat, und nicht von Möglichkeiten, die vielleicht für sie attraktiv und interessant sein könnten, von denen er aber nichts weiß.

Nein, die Grundlage seiner Glaubwürdigkeit ist seine Vergangenheit, und sie muß alles umfassen, was ihr als Lebensmöglichkeit attraktiv erscheinen könnte. Wäre dies nicht der Fall, würde sie in diesem oder jenem Punkt über ihn hinausgreifen und damit das Prinzip ihrer Beziehung, ihren Kind-Status, an den sie sich (noch) klammert und den er liebt, aufgeben oder zumindest verringern.

Allerdings kann er diesen Anspruch nur begrenzt einlösen. Nur soweit, wie er das „Prinzip Realität" in einer dominierenden Rolle vor ihr darstellt und vertritt. Wenn er sich angepaßt oder nur mühsam zurechtgefunden hat, genügt er dieser Forderung nicht.

Will er ihre stillschweigenden Ansprüche erfüllen, muß er gleichsam bereits über die Wirklichkeit verfügen, der sie sich erst zuwendet.

Er muß legitimiert sein, zu lenken, zu prägen, zu bestimmen.

Um sie zu schützen, läßt er sie nur in einem Bereich der Realität los, den er bereits beschritten und abgegrenzt hat. Aber er muß darauf achten, daß er genügend Wirklichkeit zuläßt, denn sonst könnte diese Beziehung an Realitätsarmut ersticken.

Kompliziert ist das. Unmöglich eigentlich. Und es kommt noch schlimmer. Denn diese Beziehung ist ja darauf aufgebaut, daß der wissende ältere Mann die junge unerfahrene Frau fürsorglich ins Leben geleitet. Was vor einer Generation – länger ist es nicht her – noch selbstverständlich, ja unumstößlich war, erscheint heute kitschig und klischeehaft.

Der leitende Mann mit souveränem Wissen und die unerfahrene Frau – ist es nicht überholt, unzeitgemäß, altmodisch? Ist es nicht eine Provokation?

Grundlage seiner Glaubwürdigkeit und damit Grundlage der Beziehung ist die Lebenserfahrung, die er vorweisen kann.

Sie dagegen – sie darf natürlich alles. Sie darf von jeglicher Karriere träumen, weil sie sie vielleicht einmal machen wird.

Sie kann aber genausogut gegen das Erfolgsdenken pauschal ankämpfen – wer weiß denn heute schon, wie lange das „Prinzip Erfolg“ noch gesellschaftliche Gültigkeit haben, wie lange es unser Leben dominieren wird?

Stehen nicht schon viele Zeichen dagegen? Vielleicht setzen ja gerade diejenigen auf den richtigen Trend, die sich schon heute verweigern ...

Sie darf deshalb gleichzeitig ja und nein sagen, ihre Überzeugungen widerrufen und für ungültig erklären, sich selbst als schwach, unreif und ungeschickt einstufen, sich hierhin und dorthin wenden. Sogar ihre Fehlschläge stoßen ihr immer neue Tore in die Zukunft auf, während ihn seine Vergangenheit ganz und gar festlegt.

Er ist eingeengt durch alle Werdegänge und Fehlschläge seines Lebens, weil Zeit eben unwiderrufbar, Versäumtes nie wieder einholbar ist. Er ist eingepfercht – sogar in seine Erfolge.

Ihn holt die Vergangenheit immer ein und droht, beide einzuengen: Vergangene Zeit bedeutet stets auch ein Zuwenig an Leben. Jeder, der etwas älter geworden ist, hat das Empfinden, etwas versäumt zu haben. Jeder meint, daß Zeit nicht nur vergangen ist, sondern daß er auch Zeit verloren hat. Keiner lebt sein Leben wirklich immer ausgefüllt. Keiner lebt es ohne vergeudete Stunden, Tage, Monate. Keiner hat wirklich alles ausgeschöpft, was ihm möglich war.

Das berühmte Gefühl: „Das kann doch nicht alles gewesen sein ...", zieht sich durch jedes Leben – auch durch ein erfülltes. Und diese Empfindung trifft ganz besonders zu, wenn man einem jungen Menschen gegenübersteht, für den noch alle Möglichkeiten offen stehen.

Jede gelebte Erfahrung schließt alle anderen Erfahrungen aus, die auch möglich gewesen wären. In einem gewissen Sinne wird das Leben von Jahr zu Jahr weniger. Das Feld des Möglichen verengt sich, die Substanz schwindet, indem sie Gestalt annimmt. Lebensgestalt.

In einem gewissen Sinne ist also jede Erfahrung, so wertvoll sie an sich sein mag, auch Verringerung, ein Wenigerwerden. Aber natürlich gilt gleichzeitig auch, daß derjenige, der wie Narziß auf das Bild seiner unendlichen Möglichkeiten starrt und dabei verharrt, zuletzt das Erleben überhaupt versäumt. Selbstverständlich ist der altgewordene Narziß, der sich um Vergangenheit und Zukunft beraubte, am allerwenigsten begabt zur Autorität. Auch der Visionär und Träumer muß irgendwann erwachen, weil seine Vision und sein Traum nur in Relation zur Wirklichkeit wertvoll sind!

Nein, es gibt kein Entrinnen aus der Fessel, die Zeit und Vergangenheit dem Mann anlegen. Diese Vergänglichkeit muß er ertragen. Und sie wird ihm in der Beziehung zur jüngeren Frau ganz besonders bewußt, diese Erfahrung wird ihm aufgezwungen und aufgedrängt. Damit drängt sich plötzlich etwas Tragisches in diese Beziehung

Wir haben bereits gesehen, daß das Lolita-Paar aufgrund seines Altersunterschiedes isoliert ist. Eine besondere Form der Isolation gilt jedoch nur für die junge Frau, denn sie scheint die Reihen des eigenen Geschlechts zu verlassen, da sie die Emanzipationskämpfe der letzten Jahrhunderte ad absurdum zu führen scheint. Denn sie wählt eine Beziehungsform, die dem Mann eine Vormachtstellung einräumt, in der er allein durch sein Alter und seine soziale Position der Überlegene ist. Die junge Frau begibt sich freiwillig in eine große Abhängigkeit.

Warum macht sie das? Weiß sie nicht, was sie tut? Für manch eine(n) wäre das eine willkommen einfache Lösung. Aber ganz so einfach ist es nicht. Denn sie weiß sehr genau, was sie tut.

Natürlich spottet die Rollenverteilung in dieser Beziehung dem Zeitgeist und jeder emanzipatorischen Bemühung hohn. Nach feministischer Überzeugung bietet sich folgendes Bild: Eine junge Frau, gerade am Anfang ihrer Entwicklung und ihrer beruflichen Laufbahn, trifft auf einen älteren Mann, der ihre Unerfahrenheit ausnutzen will, sie nur als Sexualobjekt ansieht, sie zur Überwindung seiner Midlife-crisis braucht. Diese Ziele kann er nur noch bei einer so jungen Frau durchsetzen, da die Frauen seiner Generation ein neues Selbstbewußtsein erlangt haben. Die junge Unerfahrene müßte aus den Fängen dieses Macho gerettet werden – aber sie will bei ihm bleiben. Für Feministinnen ist es kaum zu fassen.

Das Verhalten dieser jungen Frau kann nur an blinder Verliebtheit, junger Unerfahrenheit, an Naivität liegen. Rettende Erklärungen sind schnell zur Hand. Gar zu hart wäre die Erkenntnis, daß die weibliche Nachfolge-Generation so gar nicht bereit ist, im emanzipatorischen Sinne ihr würdiges Erbe anzutreten.

Und doch führt kein Weg an der Erkenntnis vorbei, daß die Lolitas keine naiven Dummchen, sondern selbstbewußte, selbstsichere junge Frauen sind, daß sie diese Beziehungen wollen und zudem erklären: Wir sind emanzipiert.

Ich bin so emanzipiert, daß ich es mir leisten kann, mich ohne Verlust- oder Identitätsängste auf eine Beziehung mit Rollenmustern einzulassen, die in gewisser Hinsicht nach einem Rückschritt aussehen, sagt Julie, 25.

Erschreckend wird da manchem klar, daß es sich bei dieser jungen Frau (die natürlich für viele steht) weniger um eine durchschnittliche Abtrünnige handelt als vielmehr um eine fortschrittliche, selbstbestimmte Frau.

Julie genießt ihre Weiblichkeit in vollen Zügen. Und das genau in der Form, die sie für sich selbst und ihre Bedürfnisse für am besten und geeignetsten hält. Gibt es eine emanzipiertere Lebensweise?

Wohl kaum.

Die junge Frau entscheidet sich selbstbewußt und frei für eine Partnerform, die zum Teil einem konservativen Muster entspricht. Aber weil sie diese Entscheidung eben nicht mangels Wissen oder aufgrund einer weltfremden Naivität getroffen hat, sondern sehr bewußt, ist sie auch in der Lage, diese verstaubt erscheinende Beziehungsform dank ihres Intellekts und ihrer Entwicklung zu bereichern, sie größer, freier, lebenswerter zu gestalten.

10. Kapitel

Habgier oder Das Opfer der Anpassung

„... die liebt nur seinen Status, sein Geld ...«
„... die setzt sich ins gemachte Nest ..."
„... die nutzt ihn sowieso nur aus ..."
„... die erntet nun die Früchte ..."
Sie wissen, von wem die Rede ist?

Natürlich von ihr, der jungen Frau in einer Lolita-Beziehung. Und von den angeblichen Motiven, die sie dazu geführt haben, eine Beziehung mit einem so viel älteren Mann einzugehen. So jedenfalls lautet ein weiteres Vorurteil.

Ohne Frage: Ihr sozialer Status, ihr wirtschaftlicher und finanzieller Hintergrund unterscheiden sich kraß von dem ihres älteren Geliebten.

Alles andere wäre auch erstaunlich. Ein Mann in der Lebensmitte hat es beruflich geschafft – oder eben nicht. Er ist etabliert – oder wird es wahrscheinlich nie sein. Setzen wir den günstigeren Fall voraus: Er hat es geschafft. Die Zeit des Aufbaus, des Kämpfens liegt hinter ihm. Er ist abgesichert und in der glücklichen Lage, nun die Lorbeeren seiner früheren Anstrengungen zu ernten.

Ganz anders sieht – naturgegeben – ihre Lage aus. Nicht selten drückt sie noch die Schulbank, besucht die Uni oder befindet sich in der Ausbildung. Oder sie steht ganz am Anfang einer beruflichen Karriere, verdient wenig und verfügt nur über wenig Sozialprestige.

Ja, könnte man denken, was könnte ihr besseres passieren, als mit einem Mann zusammenzuleben, der finanziell gut dasteht, sie unterstützen möchte, ihr den Weg ebnen, Vorteile sichern will... Sie wäre ja dumm, dies alles abzulehnen – sollte sie es nicht ohnehin nur darauf abgesehen haben.

Wäre sie das wirklich?
Diese Verbindung bringt für eine junge Frau meist wirtschaftliche Vorteile mit sich. Selbstverständlich ist nichts gegen eine Unterstützung und Hilfeleistung (noch dazu vom geliebten Mann) auf dem langen beschwerlichen Weg zur Eigenständigkeit zu sagen. Andererseits verliert dadurch diese Eigenständigkeit, die ja sonst das Ziel jahrelanger konzentrierter Arbeit und entsagter Vergnügungen war, ihre Bedeutung, die alle Mühen erst lohnenswert erscheinen ließ.

Denn ihr Partner ermöglicht es ihr, dieses Ziel früher als üblich und ohne große Anstrengungen zu erreichen. Doch dieser Vorgriff hat – wie alle Vergünstigungen – seinen Preis. Es ist eben etwas anderes, ob man sich die wirtschaftliche Unabhängigkeit, den Erfolg und die finanzielle Absicherung selbst, zumeist auf beschwerlichem Weg, erkämpft hat oder ob man dies alles – wenn auch von liebender Hand – sozusagen in den Schoß gelegt bekommt.

Sicher ist es überflüssig, etwas zu erkämpfen, was schon da ist. Aber ein bitterer Geschmack bleibt doch. Die erlangte Unabhängigkeit ist eben in einem solchen Fall nicht wirklich eine eigene Unabhängigkeit, sondern an den Mann gekoppelt, der sowieso einen gewaltigen Vorsprung an Sicherheit, Erfahrung und Wissen hat. Doch wie sähe es andererseits aus, wenn die junge Frau allen Unkenrufen zum Trotz ihren eigenen Weg unbeirrt weiterverfolgen, auf jede Hilfe, jede Unterstützung verzichten würde? Der Alltag dieses Liebespaares hätte sicherlich etwas Lächerliches an sich: Sie wohnt weiterhin im Elternhaus oder in einer Wohngemeinschaft, ißt aus Kostengründen in der Mensa, verzichtet aus Geldmangel auf die meisten kulturellen Angebote und hat noch etliche Jahre der Entsagung vor sich. Und er, ihr Freund, vielleicht ihr Mann, führt ein mehr oder weniger luxuriöses Leben. Ein gemeinsames Leben wäre so sicher nicht möglich.

Also bleibt Lolita, wenn sie liebt, tatsächlich nur die Anpassung an seinen Status. Und das bedeutet trotz aller Bequemlichkeiten und aller Vorteile auch den Verzicht auf ein „unabhängiges“, selbstbestimmtes Leben. Das Vorurteil, der jüngeren Frau ginge es um das Geld, trifft auf die Beziehung zwischen der Grafikerin Gudrun und dem 17 Jahre älteren André nicht zu. Denn in dieser Beziehung bringt sie das Geld nach Hause, verdient weitaus mehr als André, der sich als Kunstmaler eher schlecht als recht durchs Leben schlägt. Aber auch diese Konstellation stellt kein Problem dar, weil sich diese Beziehung eben nicht auf der Ebene der wirtschaftlich-finanziellen Ausbeutung abspielt. Frauen wie Gudrun sind in dieser Paar-Konstellation allerdings die Ausnahme.

Meist gilt für die jüngere Frau die Anpassung an den Lebensstandard, den sozialen Status des älteren Mannes, was den Verzicht auf eine eigene, altersgemäße Entwicklung verlangt. Die Umwelt fällt über diese Anpassung ein eindeutiges Urteil: Kaum hat sie sich den vermögenden Mann geangelt, tut sie gar nichts mehr. Dieses Vorurteil ist durch nichts zu erschüttern. Jede Aktivität, jeder Versuch der jungen Frau, weiterhin im Berufsleben Platz zu finden, sich vielleicht sogar zu einem gewissen Teil unabhängig zu machen, wird allenfalls als Alibifunktion gewertet. Gilt als unaufrichtiges Bemühen, um den äußeren Schein zu wahren.

11. Kapitel

Die Gnadenlosigkeit der Natur

Alter Mann und junge Frau – dazu fällt einem eine Menge ein. Vieles haben wir bereits durchleuchtet, hinterfragt, richtiggestellt, erklärt oder einfach so stehen lassen. Auf einen Punkt, der eigentlich sofort ins Auge springt, sind wir noch nicht eingegangen: die Physiologie. Genauer: auf die unterschiedliche körperliche Konstitution dieser beiden Liebenden.

Das heißt: Er ist ihr in aller Regel physiologisch unterlegen, zumindest was Belastbarkeit, Beanspruchung und Abwehrkräfte anbelangt. Und das – man will es nicht wahrhaben und wird es doch merken – wirkt sich früher oder später auf die Beziehung aus.

Ein fünfzigjähriger Mann kann sich sicherlich eine geraume Zeit lang hochputschen. Gerade seine Verliebtheit wird dazu beitragen. Er kann also sogar neben beruflichen und gesellschaftlichen Verpflichtungen mit der Impulsivität und dem Tempo seiner jungen Geliebten mithalten ... aber eben wirklich nur eine Zeitlang.

Kein Mensch ist in der Lage, länger seine eigentlichen physischen Grenzen zu überschreiten, ohne ernsthafte Konsequenzen in Kauf nehmen zu müssen.

Wir wollen niemanden älter oder schwächer machen, als er ist. Es ist einfach das unerbittliche Gesetz der Natur, das es einem Fünfzigjährigen auf Dauer nicht ermöglicht, bei der körperlichen Belastbarkeit und dem Tempo einer Zwanzigjährigen mitzuhalten.

Und genau hier stoßen wir, beziehungsweise das Lolita-Paar, an eine wirklich unumstößliche Grenze. Eine Grenze der Natur. Die zwingt dem ungleichen Paar einen weiteren unüberwindbaren Unterschied auf, ein weiteres unlösbares Hindernis im Bemühen um Nähe und Gemeinsamkeit. Wieder muß Übereinstimmung versagt bleiben, wieder hätte sie den Preis der Selbstverleugnung, wieder wäre sie auf dem unsicheren Boden eines Opfers aufgebaut.

So wenig wie der fünfzigjährige Mann die Kondition einer Zwanzigjährigen besitzen kann, so wenig kann sich die Zwanzigjährige auf den körperlichen Rhythmus eines Fünfzigjährigen einstellen. Unsere Physis zwingt uns – nicht grundlos – zu ganz spezifischen Lebensweisen, zieht unnachgiebig Grenzen, gibt ein Tempo vor und gestattet Überschreitungen über längere Zeit nicht ohne oft verheerende Nachwirkungen.

Die körperlichen Funktionen eines Fünfzigjährigen, wie auch die eines Vierzigjährigen, arbeiten langsamer. Der Körper ist an sich weniger auf Belastungen eingestellt als in jungen Jahren. Aufregung und Beanspruchung setzen ihm deshalb in weitaus stärkerem Maße zu als vorher.

Die Energie eines zwanzig- bis dreißigjährigen Menschen dagegen ist viermal so groß. Seine Funktionen arbeiten in aller Regel dreimal so schnell, sein Tempo ist mindestens verdoppelt. Sein Organismus ist auf Anstrengungen eingestellt – ja, mehr noch: Er sucht die Herausforderung, will sich beweisen. Die aus Jugend und Unverbrauchtheit resultierende Kraft will ausgegeben und eingesetzt werden. Die Reduzierung dieser Kraft und Stärke, die Drosselung des körpereigenen Tempos auf das Limit eines Fünfzigjährigen ist nicht so bedrohlich wie im umgekehrten Falle, aber allemal schädigend und unnatürlich im wahrsten Sinne des Wortes.

Der junge Körper würde sich „gehenlassen“, sein Tempo verlangsamen, das Gewebe erschlaffen, die Energie ungenutzt verpuffen – schlicht gesagt: der zwanzigjährige Körper würde die Anfälligkeit und die Abnutzungserscheinungen eines fünfzigjährigen Körpers aufweisen. Das darf natürlich nicht sein. Für ein Paar mit unterschiedlichen Voraussetzungen bedeutet dies, daß ein gemeinsames Er- und Ausleben auf physischer Ebene nur begrenzt möglich ist. Denn ein altersgerechtes Leben auf physischer Ebene ist wichtig. Für die beiden als Individuen, aber auch für das glückliche Gelingen dieser Beziehung. Altersgerechtes Leben bringt für das Lolita-Paar noch einmal Trennung und Distanz mit sich, bedeutet getrenntes Erleben, getrennte Erfahrungen, wo bei anderen Paaren Gemeinsamkeit und Zweisamkeit entstehen können. Verlangt von diesen beiden noch einmal Toleranz, Verständnis und Vertrauen, um dem Partner die für ihn wichtige und richtige Existenzweise zu ermöglichen.

Mut und Selbstvertrauen sind auch hier erforderlich, um dem verlockenden und bequemen Wunsch nach gemütlicher Zweisamkeit hin und wieder zu widerstehen, um den eigenen Körpergesetzen zu folgen und damit den einzig möglichen Weg einer getrennt-verbundenen Lebensform einzuschlagen.

12. Kapitel

Die Kindfrau: Herrschafts- und Körperkult

Das Motiv der Kindfrau ist nicht neu – man denke an Johann Wolfgang Goethes Mignon oder an die verletzlichen Geschöpfe in David W. Griffith' populären Hollywood-Melodramen. Seit jeher kommt die Trivialliteratur nicht ohne die dunkel-geheimnisvollen Verführungen aus, deren unschuldiger Glanz so sehr blendet und täuscht, deren Natürlichkeit so raffiniert und eigensüchtig ist. Sie erscheinen als Opfer und sind doch meist Täterinnen – durch Kindlichkeit getarnt.

Das moderne Bild des verführerischen Kindes ist von zwei Namen geprägt, die in den fünfziger Jahren in der Literatur beziehungsweise im Film auftauchen: Lolita und Baby Doll. Unschuldig sind sie beide nicht, nicht einmal sonderlich sympathisch. Sie sind träge und mürrische Teenager, eigensüchtig und wenig intelligent.

Doch gerade ihre narzißtisch-müde Selbstsucht und Beziehungsleere macht ihre Anziehungskraft aus. Sie wirken unwiderstehlich, weil sie nicht erreichbar sind – für niemanden. Sie sind nicht erreichbar, weil es bei ihnen nichts zu erreichen gibt. nicht berührbar, weil es nichts zu berühren gibt. Sie sind leer. Die Männer, die sie begehren, sind eigentlich dieser Leere verfallen.

Baby Doll ist die Titelfigur eines Drehbuchs, das Tennessee Williams nach zweien seiner Theaterstücke geschrieben hat. Sie lebt, wie alle Gestalten des amerikanischen Dramatikers, am Rande einer Psychose. Sie kokettiert unwissend und doch gezielt mit ihrer Unberührtheit. Dennoch wird spürbar, daß sie jede Berührung scheut. Sie setzt ihren Körper ein wie einen Schutzschild, der über unzulässige Emotionen gehalten wird. Wahllos weckt sie in allen Männern Begierde, was sie zugleich verachtet. Ihr Körper ist wie ein Instrument, das Verachtung verströmt, er wird zum Symbol der seelischen Krankheit, die sie selbst hat.

Baby Doll kommt mit sich selbst nicht klar, deshalb braucht sie die Unterwerfung. Sie liebt jeden, der sie in diese Unterwerfung zu zwingen vermag. Aber nicht mit sublimen seelischen Mitteln ... Innere Regungen sind ihre Sache nicht. Ihre Emotionalität funktioniert nur über den Körper, das rein Körperliche.

Deshalb kann sie nur das rein Körperliche unterwerfen. Deshalb können nur Äußerlichkeiten ihre Liebe wekken. Konsequent verfällt sie einem brutalen Burschen aus dem Süden, einem, der nur die Peitsche kennt und ihr mit der Peitsche droht. Einem, der selbst ein Unterworfener ist, ein sozial Unterworfener. Was dem Film, der ein Welterfolg wurde, brennende Intensität verlieh, war eben dieses Nach-außen-Drängen aller innerer

Spannungen, diese Präsenz der Körper, durch die Konflikte gleichzeitig ausgelöst und versteckt wurden, diese Künstlichkeit der Körper ...

Und die Faszination einer Figur wie Baby Doll rührt daher, daß sich hinter ihrer glatten Haut etwas zu verbergen scheint. Sie reizt durch einen Kinderkörper und ein Kindergesicht, das fast so erstarrt wirkt wie das einer Puppe.

In diese merkwürdige Künstlichkeit ist auch Humbert Humbert, der Ich-Erzähler aus Vladimir Nabokovs „Lolita", verliebt. Seine „Nymphe", so bezeichnet er sie, ist ein geheimnisvoll-fremdes Wesen, das wie alle Märchengestalten erst durch Traum und Phantasie zum Leben erwacht: durch die Träume und Phantasien des Mannes. Deshalb ist es auch kein Widerspruch, daß Humbert „sein Nymphchen" realistisch so sieht und beschreibt, wie es ist: glanzlos, faul, immer ein wenig wahllos und gefräßig. An Lolita ist er eigentlich gar nicht interessiert. Interessiert ist er nur an seinen Phantasien, die angesichts ihrer Kälte immer drängender und bohrender werden. Ein real gewordener Traum – was wäre das schon im Vergleich zu jenem verzweifelten Insistieren, mit dem er seinen alten Körper immer wilder aufputscht und vorantreibt.

Lolita kann ihn gar nicht enttäuschen, weil an ihr – wie an Baby Doll – nur das Oberflächliche, der Körper, interessiert, die Wirkung, die sie bei der ersten Begegnung ausübt. Dies wird in Nabokovs Erzählung ausdrücklich so formuliert: „Sie war eine Nymphe. Der

Kenner bemerkt es auf einen Blick." Dieser Blick fixiert. Lolita darf sich von nun an nicht mehr verändern, sonst würde sie ihre Nymphen-Erscheinung einbüßen. Je seelenloser sie ist, desto besser für ihn. Sie ähnelt einem Fetisch. Diese hochsexualisierte Lieblosigkeit hat tatsächlich alle Kennzeichen des Fetischismus.

Und aus diesem Grund, behaupten wir, waren diese Kunstfiguren, dieser Film und dieser Roman so erfolgreich. Das gilt auch für andere Kultfiguren der fünfziger Jahre, deren Namen bis heute ihren Symbolwert behalten haben: Brigitte Bardot, Barbarella und so weiter. Baby Doll ist eine Projektion von Männerwünschen, die sich allmächtig und unduldsam an ihr ausleben können. Sexualität wird auf sie projiziert, das heißt sie reagiert mehr, als selbst Verlangen zu verspüren, sie antwortet. Ihre Sexualität hat nichts ursprünglich Weibliches an sich (vor dem männliche Wünsche ohnehin zurückschrecken, weil es fremd ist).

Eine Kindfrau – das ist zunächst einmal jener unschuldig passive Körper, in den die männlichen Wünsche projiziert werden.

Deshalb wirkt Baby Doll auch so klischeehaft. Ihre Psyche interessiert wenig, eine innere Differenzierung muß ihr versagt bleiben. Sie lebt nur als das Abbild von Begierden.

Baby Doll ist verführerisch durch ihr Äußeres. Baby Doll ist, selbstverständlich, ohne intellektuelle Interessen und überhaupt ohne irgendwelche Fähigkeiten, die über das rein Körperliche hinausgehen. Mit anderen Worten: Baby Doll ist eine perfekte Kunstfigur, eine käufliche Projektionsfigur, an der eigentlich nur die Raffinesse interessant ist, mit der clevere Autoren und Produzenten ein Abbild männlicher Begierden geschaffen haben.

Baby Doll gehört zu den vielen weiblichen Kultfiguren, die ungeheuer wirksam waren. Sie alle leben offensichtlich von denselben Effekten.

Warum waren beziehungsweise sind sie so wirksam? Carroll Baker, Brigitte Bardot, Jane Fonda, Haryl Mills prägten die Phantasien und sexuellen Wünsche ganzer Männergenerationen. Von ihnen ging ein verführerischer Hauch aus, der jeder Kulturkritik, jeder intellektuellen Ironie, ja sogar jeder moralischen Entrüstung lange widerstehen konnte. Einfach dadurch, daß Intellektualität und Kultur und erst recht Moralität in diesem Zusammenhang nicht mehr von Belang waren beziehungsweise auf einen Rang minderer Wichtigkeit verwiesen wurden. Vor der blühenden und verführerischen Körperlichkeit dieser Frauen verblaßte jede Art kultureller Sublimation. Sie bildeten Schlupflöcher für die Phantasie. Sie waren pure Sexsignale. Deshalb prägten sie nicht nur die heimlichen erotischen Vorstellungen der Männer, sondern wirkten auch als Vorbilder für Frauen.

Stöckelschuhe und Schmollmund wurden ebenso zum modischen Ideal wie der Hüftschwung, der fast immer auch etwas Lächerliches hatte. Dazu kam der ewig plappernde Kindermund, der nur einen begrenzten, infantilen Wortschatz kannte. (Seltsam, daß alles, was auf Massen verführerisch wirkt, mit so wenigen Worten auskommen, ja fast auf Worte verzichten kann! Bei politischen Demagogen und Populisten ist es nicht anders).

Die Kultfiguren waren also auf das rein Körperliche festgeschrieben. Sie waren nur Körper, und das Körperliche mußte zudem noch übertrieben werden: Die Haare müssen lang wallen, die Hüften müssen fast unproportional gerundet sein – bis an die Grenzen des ästhetisch Erträglichen –, der Busen muß hoch sein, der Gang mit Hilfe von Stöckelschuhen betont werden... Körper und Kultur – nirgends sind sie sich so fremd wie im Bild von Baby Doll, Lolita oder Barbarella. Doch was machen Kultur und Körper einander so fremd?

Eine Teilantwort finden wir in soziologischen Untersuchungen, die sich mit der „Geschichte der Körper" beschäftigen. Sie geben zwar immer nur Antworten von begrenzter Reichweite, weil die Soziologie das Feld des Unbewußten oft ausklammert, doch einige dieser Forschungsergebnisse sind in unserem Zusammenhang durchaus interessant und weisen überraschende Zusammenhänge auf. Wir wollen sie zumindest kurz streifen.

Die Geschichte der Menschheit ist eine Abfolge von verschiedenen Gesellschaftssystemen und Kulturen, in denen Menschen Herrschaft über Menschen ausüben. Herrschaft war in der Geschichte immer etwas, das an

Körpern vollzogen wurde, sich körperlich manifestierte. Die Angst um das körperliche Überleben und um die körperliche Unversehrtheit war immer wieder ein Grund, die Herrscher zu fürchten – und aus dieser Furcht heraus zu bewundern.

Zur Ausübung von Herrschaft gehörte es, Körperstrafen zu verhängen. Derjenige, an dem sie vollzogen wurden, war der ganz und gar Untergeordnete, gesellschaftlich Unwichtige. Er stand am unteren Ende der Rangfolge, und das bekam er zu „spüren".

Auch heute noch ist es ein Kennzeichen dafür, daß man in den Hierarchien der Gesellschaft wenig oder gar nichts gilt, wenn man körperlich angegriffen, gar geschlagen werden darf.

Dies gilt beispielsweise unvermindert für Kinder. Sie dürfen geprügelt werden, solange ihre Gesundheit, ihr Leben nicht auf dem Spiel stehen. Und damit haben wir schon einen ersten Berührungspunkt von Kindlichkeit, Herrschaft und „Nur-Körpersein" gefunden.

Die Beherrschten, Sklaven, Kriegsgefangene, Untergebene, waren sozusagen auf ihre ausschließliche Körperlichkeit reduziert.

Ihre Körper wurden in Dienst genommen, als Galeerensklaven oder Feldarbeiter, in Bergwerken oder Industrien. Nur ihre Körperkräfte waren von Nutzen, also zählte nur die einfache Körperlichkeit.

Es waren immer die untersten Schichten, die sich ihren Lebensunterhalt mit Körperlichkeit, körperlicher Arbeit, Körperkraft verdienen mußten, und durch diese Fixierung setzten sie den Körper auch als Mittel zur Selbstdarstellung, als Möglichkeit zum Selbstbewußtsein ein. Das ist heute nicht anders beziehungsweise wird so eingeschätzt. Bodybuilding oder Boxen gilt als Sport der sozial Schwachen. Die besten Läufer, Tänzer und Trommler – also die körperlich Geschickten – sind nach einem unausrottbaren Vorurteil immer die Schwarzen.

Intellektuelle dagegen gelten als unsportlich; sie üben höchstens körperunbetonte Sportarten aus, wie Schach oder vielleicht Golf, bei denen es auch auf den Kopf ankommt.

Das Geistige liegt in den Händen der Mächtigeren. Den Unterworfenen dagegen bleibt nur der eigene „geistferne" Körper.

Diese Erfahrung zieht sich durch die gesamte Menschheitsgeschichte. Und es wäre ganz unsinnig anzunehmen, daß sich diese Erfahrung nicht auch auf unsere Vorstellungen, unsere Phantasien, sogar auf unsere Tabus und Traumas niedergeschlagen haben sollte. Das Körperliche ist das Untergeordnete, das Zweitrangige, das, an dem Macht vollzogen wird, wie beispielsweise an Kindern und an Kindfrauen.

Viele tausend Jahre lang haben die Menschen gelernt, den Körper zu mißachten, und eine zweitausend Jahre alte christlich-mystische Tradition mit rein geistigen Erlösungsvorstellungen hat diese Vorstellung weiter vertieft.

Was bedeutet das nun für die Feststellung, daß Baby Doll und Lolita auf die reine Körperlichkeit zurückgeworfen und damit eigentlich „verringert" werden.

Der Lolita-Kult ist ein Körperkult. Und die daraus resultierenden Kunst- und Kultfiguren interessieren als Körper – und zwar ausschließlich als Körper. Sie sind ohne Geist, fast ohne Verstand – sie argumentieren nicht, sie plappern – sie lesen nicht, blättern allenfalls in Bilderbüchern, Comics oder Modemagazinen – sie verfolgen erst recht keine Pläne, weder berufliche oder andere, sie wollen keine Karriere und haben keine langfristigen Ziele. Sie sind einfach „da". Sie existieren nur als Körper.

Brigitte Bardot zum Beispiel wandte sich einem Problem mit moralischer Bedeutung (Tierschutz) zu, als ihr Körper zu altern begann. Mit anderen Worten: Als sie nicht mehr Kindfrau sein konnte, als Kultfigur deshalb nicht mehr in Betracht kam, als zwischen dem, was ihr Name symbolisiert, und ihrer realen Existenz eine Kluft entstanden war, wollte sie nicht mehr BB sein. Ähnlich reagierte Jane Fonda, als sie anfing, Fitneß und Aerobic zu propagieren. Andere Namen verschwanden aus der Öffentlichkeit, kaum waren ihre Trägerinnen dem Kindfrau-Status entwachsen. Sie wirkten eben nur als Körper, nicht als Psyche oder als Geist, nicht einmal als Künstlerinnen. Sobald sie der

Klischeevorstellung von passiver Körperlichkeit nicht mehr entsprachen, sobald sie wirkliche Frauen zu werden drohten, schwand jegliches Interesse an ihnen.
Die Feststellung, daß der Lolita-Kult ein reiner Körperkult ist, bedeutet nicht nur, daß sich in den daraus erwachsenen Kunst- und Kultfiguren männliche Wünsche und Begierden sammeln. Sie enthält auch einen Hinweis darauf, wie sehr diese Wünsche und Gedanken oder Assoziationen an Herrschaft und damit an Macht und Unterwerfung gebunden sind.

Baby Doll und Lolita sind demnach Varianten der Unterwerfung, des Untergeordnetseins der Frauen. Der Mann verkörpert ihnen gegenüber die Macht – und doch ist er nicht selbst die Macht, sondern nur ihr bemühter Stellvertreter. Deswegen scheitert er auch so leicht, wie zum Beispiel in dem psychologisch feingezeichneten Roman von Nabokov. In beiden Werken zeigt sich eine enge Verbindung von Macht und Aggression.

Baby Doll liebt an dem Knecht aus den Südstaaten nur die äußerlichen Zeichen der Macht, letztlich nur das in Tennessee Williams Drehbuch vorherrschende Symbol der Peitsche.

Die Fixierung auf das Körperliche führt zu einer Entseelung, einer Entmenschlichung. Das gilt nicht nur für die Kindfrauen, für Baby Doll und Lolita, sondern auch für die Männer, die sich Kindfrauen zuwenden. Sie, die ja selber in ein Machtgefüge eingebunden sind, wollen ebenfalls herrschen. Was sie beherrschen können, ist oft nur der Körper einer Frau, im extremen Fall einer Kindfrau. Und deshalb reduzieren sie ihr Gegenüber auf reine Körperlichkeit.

Körperlichkeit und damit verbundene Macht- und Herrschaftsphantasien – das also macht die heimliche Wirksamkeit dieser Kultfiguren aus, welche Namen sie auch tragen mögen. Dahinter verbirgt sich die Geschichte der Auseinandersetzungen der Geschlechter, ihre Kämpfe um Macht und Unterwerfung. Heute ist es höchste Zeit, sich jahrhundertelanger Entwicklung zu widersetzen.

Diese Notwendigkeit besteht insbesondere für jene Beziehung, die wir als Lolita-Beziehung bezeichnet haben. Ihr Ziel muß es sein, die bisherige Koppelung von „Körper und Herrschaft" nicht mehr fortzusetzen, sondern aufzugeben und neue Formen zu finden.

Den heutigen Lolita-Paaren scheint dieser Verzicht gelungen. Der Geschlechter-Herrschafts-Konflikt, der dem Paar noch immer anhaftet, findet in dieser Verbindung keine Fortsetzung.

Mehr noch: Entgegen allen bösen Ahnungen und langgehegten Ängsten übt die reine Körperlichkeit auf den älteren Mann nicht mehr den Reiz aus, als Merkmal von Unterordnung zu gelten, ihm Macht zu vermitteln.

Vielleicht hat die Emanzipation doch Erstaunliches geleistet. Es ist aber auch möglich, daß sich die Ansprüche des Mannes erweitert haben. Wie dem auch sei: Die

Anziehungskraft einer Lolita als Objekt männlicher Herrschafts- und Erotikphantasien hat sich erschöpft. Sie funktioniert nicht mehr. Jedenfalls nicht bei den von uns befragten Paaren. Und das ist sicher ein gutes Zeichen.

Der ältere Mann, der sich heute mit einer jungen Frau einläßt, hat kein Interesse an der Reduzierung seiner Kind-Partnerin auf den Körper-Status, auch wenn das ein Vorurteil immer wieder glauben machen will. Im Gegenteil!

Vielmehr scheinen diese Männer sehr bemüht, die intellektuellen und beruflichen Fähigkeiten ihrer jungen Partnerin verantwortungsbewußt zu fördern. Sie haben Spaß an ihren Erfolgen, empfinden einen gewissen väterlichen Stolz angesichts ihrer geglückten Entwicklung.

Die Unterdrückung der Frau, das Reduzieren auf ihre Körperlichkeit, auf ihre bloße Funktion als Objekt sexueller beziehungsweise machtbestimmter Phantasien, ist in den heutigen Lolita-Beziehungen nicht zu finden, ist von beiden Partnern unerwünscht.

Eine heutige Beziehung zwischen einem älteren Mann und einer jungen Frau ist äußerst vielschichtig und komplex. Geist und Psyche der jungen Frau werden nicht der körperlichen Anziehungskraft geopfert, sondern vielmehr im beiderseitigen Interesse hervorgehoben und gefordert.

Da mag mancher zweifeln und von Schönfärberei sprechen, doch die Tatsachen sind unumstößlich: Die heutigen Lolitas, die Kindfrauen, ja auch die aktuellen Vorbilder aus Film und Literatur haben nichts mehr gemein mit jenen naiv dümmlichen Schmollmund-Gestalten, die wahrlich einzig und allein der männlichen Lust dienen konnten.

Die heutigen, die modernen Lolitas, ob auf der Leinwand oder unter Normalsterblichen, sind verführerisch durch Körper und Geist. Sie locken durch Unerfahrenheit, Jugend und Intellekt. Sie verblüffen durch Bildung und kindliche Unbefangenheit. Und verkörpern deshalb glaubwürdige, selbstbewußte und freie Frauen, die auch das Alter (und damit den Verlust an Jugend und körperlicher Anziehungskraft) keineswegs als bedrohlich empfinden, sondern dank ihres Intellekts und ihres Wissens auch unabhängig von ihrer kindlichen Anziehungskraft faszinierende und interessante Persönlichkeiten bleiben.

13. Kapitel

Die Kindfrau und das Kind: Glück und Rivalität

Wer heute eine Zeitschrift aufschlägt, kommt kaum an ihnen vorbei: Beinahe täglich ist vom großen Glück prominenter Zeitgenossen, von männlichen Alt-Stars zu lesen, die an der Seite einer jungen Frau ein spätes Glück erleben „dürfen".

Dieses „späte Glück", das die betreffenden Männer allesamt kaum fassen können, wird noch ins Unermeßliche gesteigert, wenn ihnen doch dank der jungen Frau noch einmal das Glück zuteil wird, in späten Jahren Vater zu werden.

Da kennt die Rührung dann keine Grenzen mehr, da werden die junge Frau und das zu erwartende Kind zum größten Lebensgeschenk erklärt, zum einzigen wirklichen Glück. So jedenfalls muß es uns erscheinen, will man den Berichten der Regenbogenpresse glauben.

Was daran stimmt und was nicht, wie die Wirklichkeit dieser Paare aussieht und was nur publikumswirksame Schönfärberei ist – wir werden es nie erfahren.

Die Auskünfte, die wir von den von uns befragten Paaren zu diesem Thema erhalten haben, stehen nämlich nur teilweise mit der schönen heilen Bilderwelt der Klatschspalten in Einklang.

Denn gerade in punkto Familienplanung fordert der Altersunterschied seinen Tribut: Nicht jeder empfindet es als Geschenk, eine so große Verantwortung zu einem Zeitpunkt zu übernehmen, an dem er sie eigentlich gerade ablegen konnte.

Karl, 53 Jahre, meinte dazu:
Das ist unser wundester Punkt – die Diskussion, ob wir ein Baby bekommen sollen oder nicht. Natürlich verstehe ich Sabine. Sie ist jung, sie will eine Familie gründen, ein Kind aufziehen. Und es wäre wohl ungeheuer egoistisch von mir, ihr diese Erfahrung nehmen zu wollen. Aber ich habe sie bereits zweimal gemacht. Meide beiden Kinder aus erster Ehe sind jetzt halbwegs erwachsen. Ich weiß, was ein Kind an Verantwortung und auch an Entsagung und Einschränkungen bedeutet. Ehrlich gesagt, möchte ich das nicht noch einmal auf mich nehmen. Gerade jetzt nicht, wo ich emotional und physisch so sehr auf Sabine fixiert bin. Wir haben wirklich schon Hunderte von Gesprächen darüber geführt, aber alle ohne Aussicht auf eine Lösung.

Es gibt wohl auch wirklich keine Lösung; wer verstünde denn nicht den älteren Mann, der nach Jahren voller Pflichten und Verantwortung für die Familie sein weiteres Leben ohne solche Einschränkungen genießen möchte?

Und wer verstünde nicht die junge Frau und ihren tiefen Wunsch nach einem eigenen Kind? Sie verfügt schließlich über die Kraft und Jugend, um die große Verantwortung und Pflicht zu tragen.

Das ist das wirkliche Paradoxon dieser Verbindung. Durch die Beziehung zu einer jungen Frau erfährt sich der ältere Mann plötzlich wieder als Mann mit vielen Möglichkeiten, sein Leben wird komplexer und offener. Und er will das ausleben und genießen mit ihr, mit der jungen Frau. Keine Frage: Ein Kind stört da.

Doch sie, die junge Frau, erfährt sich selbst durch ihre Liebe zu dem sehr viel älteren Mann zum ersten Mal als Frau, fühlt sich zum ersten Mal verläßlich geliebt und geborgen. Erst auf dieser Grundlage wird ja der Wunsch nach einer Familie wirklich wach.

Hier treffen wir wieder auf einen Punkt in dieser Beziehung, für den es schwierig ist, eine allgemeingültige Lösung zu finden. Eine wirkliche Lösung kann und darf es eigentlich gar nicht geben – sie würde unter Umständen die (Selbst-)Aufgabe des einen Partners bedeuten und wäre damit zum Scheitern verurteilt.

Aber dieser Konflikt weist noch auf ein anderes Problem hin. Wir stellten schon fest, daß dieser Beziehung der Hauch einer Vater-Tochter-Verbindung anhaftet, wir hörten auch schon von jungen Frauen, die in ihrem älteren Mann auch eine Art Vater sehen. Und keines der Paare konnte und wollte diesen Zug ganz und gar aus seiner Beziehung verbannen.

Gehen wir also davon aus, daß das Lolita-Paar in jedem Fall den Charakter einer Vater-Tochter-Verbindung aufweist.

Nun spielt diese Komponente bei jedem Paar eine verschieden starke Rolle. Wenn die Vater-Tochter-Ebene jedoch grundlegend für die Beziehung ist, muß auch der Lebensrahmen dieser Konstellation entsprechen.

Rufen wir uns Franzys Erfahrung in Erinnerung:
Ich liebte ihn als Vater und als Mann gleichermaßen. Jedenfalls dachte ich das damals. In Wahrheit überwogen jedoch meine kindlichen Bedürfnisse nach einem Vater-Ersatz. Doch zunächst ging alles gut. Ich fühlte mich entschädigt für meine freudlose Kindheit, die langen vaterlosen Jahre. Ich liebte ihn abgöttisch – anders kann ich es nicht sagen. Und ich wünschte mir aus tiefstem Herzen ein Kind von ihm. Ich hätte mir ja keinen tolleren Vater vorstellen können ... Das war ein Fehler. Ich bekam unser Kind, und natürlich war ich eine stolze und glückliche Mutter. Aber ich konnte schlecht weiterhin „Tochter" sein, meine kindlichen Bedürfnisse ausleben, jetzt, da ich selbst ein Kind hatte. Das erforderte ja ganz gegenteilige Verhaltensweisen von mir. Und er fühlte sich total überfordert. Er liebte unser Kind. Er war ein liebevoller Vater. Aber er sah mich nur noch als Mutter, als eine erwachsene Frau in jeder Beziehung – und unsere Liebe litt. Sie war wohl im wesentlichen auf dieses Vater-Tochter-Gefühl aufgebaut. Am schlimmsten war – es ist so unendlich beschämend –, daß ich auf mein eigenes Kind eifersüchtig war. Denn es bekam nun die ganzen väterlichen Gefühle meines Mannes und zwang mich in die Mutterrolle.

Dieses Fallbeispiel zeigt eine zweifache Problematik. Zum einen verdeutlicht es die Bedeutung der kindlichen Gefühle der jungen Frau dem älteren Partner gegenüber. Natürlich ist sie in erster Linie eine junge Frau, die liebt. Vielleicht zum ersten Mal in ihrem Leben. Doch in dieser Liebe sind zweifellos auch kindliche Anteile vorhanden, die in dieser Beziehung durchaus auslebbar wären. Der (ernsthafte) Wunsch nach einem Kind entspringt aber mit Sicherheit dem erwachsenen Teil der Persönlichkeit. Der kindliche Teil in ihr muß das Baby allerdings als ein unerwünschtes Geschwisterkind empfinden. Ein schwächeres, wirklich hilfloses, wirklich kindliches, augenscheinlich kleineres und verletzlicheres Wesen ist mit einem Mal da, und es drängt nicht nur die (Kind-)Frau im Hinblick auf ihre Tochter-Bedürfnisse der Vaterfigur gegenüber ins Abseits, sondern läßt sie auch noch unglaubwürdig erscheinen. Mehr noch: Die Existenz des Kindes reduziert die junge Frau naturgegeben und zwangsläufig auf ihre Bestimmung: Mutter sein. Und das heißt: stark sein, erwachsen sein, Verantwortung tragen, zurückstehen, trösten, erziehen, leiten, Liebe geben. Viele Frauen haben das Gefühl, sich selbst aufzugeben, wenn sie zum ersten Mal Mutter werden. Denn ihre eigenen Wünsche und Bedürfnisse sind jetzt unmaßgeblich geworden, ihr Leben wird jetzt nur noch von dem kleinen Wesen bestimmt, das ständig neue Forderungen an sie stellt.

Der jungen Frau in einer Lolita-Beziehung wird diese Umstellung noch um ein Vielfaches schwerer fallen. Denn sie ist durch die Geburt des Kindes gezwungen, einen Teil ihres Ich, ihrer Identität, ihrer Rolle dem Mann gegenüber, also einen Bestandteil ihrer Beziehung aufzugeben. Sie kann sich jetzt nicht mehr darauf zurückziehen, nur Tochter sein zu wollen, Verantwortung abzulehnen, Liebe nur zu fordern, aber nicht zu geben. Denn dann würde sie ihrer neuen Aufgabe, ein Kind zu erziehen, nicht gerecht. Es bleibt nichts anderes übrig: Die Kindfrau muß Frau werden, die Vater-Tochter-Beziehung muß aufgegeben werden – zumindest zu einem großen Teil. Und das bedeutet häufig eine unvorhergesehene Belastungsprobe. Aber die Geburt eines Kindes kann auch als großes Glück erlebt werden.

Stefan, 52 Jahre, berichtet:
Ich möchte nicht ganz so pathetisch sein und gleich von Lebensgeschenk und dem einzigen wirklichen Glück sprechen. Aber Ritas Liebe und die Geburt unseres Sohnes vor knapp einem Jahr – das warf mich alten und so erfahrenen Mann glatt um. Rita hatte sicherlich mit einigen Wermutstropfen zu kämpfen, weil für mich ja alles schon einmal so gewesen war – mit einer anderen Frau.
Dabei gibt es für mich überhaupt keinen Vergleich. Ich war viel, viel aufgeregter, viel betroffener und hatte tatsächlich das Gefühl, ein kleines Wunder zu erleben, als ich meinen Sohn zum ersten Mal in den Armen hielt. Und für Rita empfand ich neben aller Liebe auch ein Gefühl von Dankbarkeit. Das war bei meiner ersten Frau ganz anders gewesen. Ich denke schon, daß man in meinem Alter viel bewußter spürt und erlebt, was es bedeutet, Vater zu werden.

Der Mann erlebt die späte Vaterschaft anders als eine frühere. Er macht eine andere Erfahrung, und er macht sie mit einem anderen Menschen. Das haben die Männer, mit denen wir gesprochen haben, alle bestätigt. Die Beziehung zu einer jüngeren Frau läßt sie alles wieder neu oder anders sehen, und sie erleben alles bewußter.

Die junge Frau jedoch fühlt sich um das Gefühl der Einzigartigkeit betrogen. Es ist eben etwas anderes, ob beide gemeinsam etwas zum ersten Mal erleben oder ob es für einen Partner eine Neuauflage ist, und sei sie auch noch so „anders“. Es erscheint dann nicht mehr so aufregend, so unvergeßlich.

Das für sie große und einmalige Ereignis – sei es nun die Hochzeit oder die Geburt des ersten Kindes – ist für ihn eine Wiederholung.

Für ihn ist alles vergleichbar, und das relativiert auch die eigenen neuen Empfindungen, mögen sie auch ein bislang unbekanntes Ausmaß erreichen.

Sie erlebt und gibt zum ersten Mal, doch er empfindet und empfängt nicht zum ersten Mal. Liebe garantiert uns unsere Identität. Wir werden geliebt, also sind wir. Das war so, als wir unter den liebevoll-aufmerksamen Augen unserer Eltern die ersten Schritte machten, und das soll auch in einer wirklichen Liebesbeziehung so sein.

Liebe macht schön, sicher, leichter und freizügiger. Allein schon dadurch, daß sich in den Augen des geliebten Partners die eigene Einmaligkeit spiegelt. Wir sind unvergleichlich, weil die Liebe vom Schein der Unvergleichlichkeit, der Unwiederholbarkeit lebt. Um all das wird die junge Frau, die „zweite“ Frau, ein wenig betrogen.

Alles ist ja schon einmal geschehen, alles war schon einmal da. Der schöne Schein der Einzigartigkeit zerfällt.

Rita, 27, erzählt:
Stefan hat mir zwar immer wieder bestätigt, wie viel schöner und aufregender, wie völlig anders alles mit mir sei, aber genau das war es ja gerade: Er verglich uns, mich und seine frühere Frau. Ob der Vergleich nun zu meinen Gunsten ausfiel, ist gar nicht das Entscheidende. Er hatte die Möglichkeit zum Vergleich, weil er eben alles schon einmal mit einer anderen erlebt hatte. Und wider alles bessere Wissen und wider alle Vernunft, dann und wann fühlte ich den giftigen Stachel Eifersucht, beschlich mich das bittere Gefühl, nur die Nummer zwei zu sein. Ich konnte mich auch keine Minute darüber hinwegtäuschen. Schon die Existenz seiner zwei großen Kinder aus der ersten Ehe holte mich sehr schnell auf den Boden der Tatsachen zurück. Mir reichte schon eine banale Frage wie: „Wo hast du denn damals die Mami geheiratet, auch in dieser Kirche?“, oder der nett gemeinte Trost: „Die Geburt ist sicher nicht so schlimm, bei Gerda (seiner ersten Frau) war in drei Stunden alles vorbei, und wir hatten uns auf eine ganze Nacht eingestellt ...“
Natürlich erwarte ich nicht, daß er seine erste Ehe oder gar seine beiden Kinder vergißt, aber besonders glücklich bin ich nicht über die Tatsache in gewissem Sinne nur eine Wiederholung zu sein. Man stellt sich auch ganz automatisch unter einen frustrierenden Vergleichszwang: Wenn schon die Num-

mer zwei, dann soll bei unserer Hochzeit wenigstens alles schöner, teurer, größer sein. Es darf keine Parallelen, keine Gemeinsamkeiten, so wenig Vergleichbares wie möglich geben. Und am liebsten hätte ich es gesehen, wenn bei meiner Schwangerschaft alles ganz anders verlaufen wäre als bei seiner ersten Frau. Ich hatte ganz stark das Bedürfnis, zumindest dabei einmalig zu sein.

Der Wermutstropfen, der sich da in das große Glück mischt, ist leicht zu verstehen. Die Hochzeit mit einem geliebten Mann, das erste Kind – diese Erlebnisse zählen zweifelsohne zu den intensivsten, die eine junge Frau erleben kann. Dementsprechend will sie empfinden, und dementsprechend möchte sie sich mitteilen.

Die (naturgegebene) Gelassenheit ihres älteren Partners muß ihr in diesem Fall wie eine (Wert-)Minderung der eigenen Person und des eigenen Glücks vorkommen. Denn man darf nicht vergessen, daß dies alles zu einer Zeit geschieht, in der ihre Gefühlswelt unendlich störbar, empfindlich und verletzbar ist.

Doch die „Entschädigung" folgt – nach den Berichten dieser Paare – auf dem Fuße. Die älteren Väter gelten als Muster an Großzügigkeit und Geduld und entwickeln einen unglaublichen Eifer, sich ihren Sprößlingen zu widmen. Und hier ist sie tatsächlich im Vorteil, die junge, um ihre Einmaligkeit beraubte Frau und Mutter. Denn ein Vater aus der älteren Generation weiß, was das Leben mit einem Kind bedeutet, weiß, daß neben allem Glück auch Entsagungen und Pflichten auf ihn zukommen. Und gerade deshalb kann es ihm vielleicht doch wie ein spätes Lebensgeschenk vorkommen – dieses zweite Mal, das ihm dank seines Wissens, seiner Reife und Gelassenheit vielleicht zum ersten Mal ermöglicht, diese Vaterschaft in vollen Zügen und in ihrer ganzen Bedeutung zu erleben.

14. Kapitel

Lolita und die Offenbarung oder Am Ende der harten Männlichkeit

Männer sind feige, wenn es um Gefühle geht. Und sie haben guten Grund dazu. Denn viele Männer riskieren, wagen sie es endlich, Gefühle zu zeigen, nach ihrer eigenen Einschätzung sehr viel mehr als Frauen. Und sie riskieren besonders viel, wenn sie schon älter – sagen wir vierzig, fünfzig oder sechzig sind – und in einer Beziehung mit einer wesentlich jüngeren Frau leben.

Warum ist das so?

Ganz allgemein werden Männer dazu angehalten, ihre Gefühle zu beherrschen. Und beherrschen heißt oft nichts anderes als verdrängen. „Ein Indianer kennt keinen Schmerz." Diese Sentenz des (un-)seligen Karl May bestimmt die Gefühlslage ganzer Jungen-Generationen. Und die der heutigen Vierzig- oder Fünfzigjährigen ganz bestimmt.

Wenn diese auf Härte und Durchsetzung dressierten Männer nun also Gefühle zulassen – und sei es nur, weil unzählige Lebensberatungs-Bücher (und Magazin-Artikel) es ihnen empfehlen –, wenn sie endlich dazu übergehen, Gefühle auch zu zeigen, dann riskieren sie es, Identitätsprobleme zu bekommen. Denn sie sind nicht daran gewöhnt. Im Gegenteil: Eine jahrelange, vorwiegend weiblich dominierte Erziehung hat sie auf Härte trainiert.

Diese Härte in sich zu überwinden ist gar nicht so leicht. Da bricht manches Selbstbild zusammen, da gerät die Selbstbehauptung ins Wanken. Was vorher nur unter Alkoholeinfluß erlaubt war: Tränen, Gefühlsausbrüche, Sentimentalitäten – das soll nun zum bewußten Teil des „Ich" des Mannes werden. Man sollte nicht davon ausgehen, daß diese Selbstveränderung leicht zu leisten ist.

Doch seit einiger Zeit bemühen sich viele Männer ernsthaft darum. Damit ist nicht gemeint, daß sie einfach einer Softie-Sentimentalität nachgehen, die gleichsam die Kehrseite der aufgesetzten Härte ist; vielmehr geht es vielen Männern wirklich um ein Ringen um ein verändertes Ich. Sie haben dabei viel Widerstand in sich selbst niederzukämpfen – wer wollte dies bestreiten?

Aber Widerstand gegen diese allenthalben propagierte Gefühls-Männlichkeit regt sich nicht nur in den Männern selbst. Er findet sich auf eine versteckte Art auch bei den Partnerinnen, den Frauen dieser Männer. Denn die meisten Beziehungen basieren auch heute noch darauf, daß die Dominanz im Gefühlsleben der Frau zuerkannt wird, wogegen die Dominanz des Vernünftigen, Planenden bei den Männern liegt. Daran hat sich erstaunlich wenig geändert. Man kann an dieser sehr langwierigen Veränderung ablesen, wie wenig sich Überzeugungen bei der Veränderung von seelischen und emotionalen Phänomenen auswirken.

Sobald die Männer ernsthaft darangehen, ihre Gefühle auszudrücken und den Ausdruck der Gefühle als Teil ihrer Identität zu begreifen, verschiebt sich das Gleichgewicht des Beziehungsgefüges. Denn es ist tatsächlich so, daß ein Gefühl, das man dunkel empfindet und in sich selbst bewahrt, anders ist als ein Gefühl, das man im Rahmen einer Partnerschaft ausdrückt.
Zum einen löst ein Gefühl, das formuliert und dargestellt, also für den anderen einsichtig gemacht wird, andere Reaktionen aus. Beispielsweise kann nicht nur die Frau besser verstehen, was den Mann bewegt, sondern auch der Mann selbst hat einen direkteren Zugang zum eigenen Gefühl. Es gewinnt für ihn eine größere Präsenz, eine höhere Bedeutung. Es wird auch für ihn erklärlicher, verständlicher und damit legitimiert.

Ein Mann, der zögernd lernt, seine Gefühle in einer Partnerschaft auszudrücken, lernt damit eben auch, daß er ein Recht hat auf diese Gefühle. Das hat er bislang nicht gewußt. So überraschend es klingen mag: Für viele Männer sind ihre Gefühle tatsächlich „illegitime Kinder der Seele“. Sie haben nie die Erfahrung gemacht, daß Gefühle möglich und gerechtfertigt sind, ohne sie zu reglementieren, zu beherrschen, zu verdrängen oder einzugrenzen. Diese Erfahrung überwältigt viele Männer buchstäblich, wenn sie zum ersten Mal den Mut finden, ihren Wunsch nach Weichheit und

Schwäche, ihre Verletztheit und Verletzbarkeit zuzugeben. Und zwar nicht in alkoholseliger Männerrunde, sondern dort, wo es für Männer „gefährlich" ist, wo Männer emotional „gefährdet" sind: in der Gegenwart ihrer Frau, Freundin, Partnerin.

Gefühle zulassen ist zu einer gängigen Redensart geworden.

Aber was das bedeutet, welche Umwälzung und welchen Aufruhr es in einem Mann – und dann auch in der Beziehung zur Frau – in Gang setzen kann, darüber wird erstaunlicherweise wenig geredet. Denn das Zulassen von Gefühlen bedeutet ein Risiko, eine Gefährdung. Es ist deshalb verständlich, daß sich Männer nur zögernd auf das „Abenteuer Gefühl" einlassen. Denn vieles steht gegen sie, nicht nur Erziehung, Vergangenheit, sondern auch die Gegenwart.
Mit Gegenwart ist die Frau oder Freundin gemeint, sowie die Partnerschaft, deren Voraussetzungen sich verändern. Schließlich hat sich nicht nur der Mann auf die traditionelle Rollenverteilung eingestellt. Seine Partnerin hegt ähnliche Erwartungen. Den männlichen Gefühlen oder Gefühlsverminderungen entsprach ein weibliches Bedürfnis. Auf diesen Rollenzuordnungen basierte das Gefühlsgleichgewicht der Partnerschaft, das nunmehr durchbrochen wird. Oft zur Verblüffung und zum Erschrecken der Frau, die, einem gegenwärtigen Trend folgend, zuvor oftmals „mehr Gefühl" vom Mann verlangt hatte. Nun erkennt sie, daß die Gefühlsverdrängung des Mannes auch sie im Grunde geschützt hat. Gleichsam im Schatten der männlichen Gefühlsar-

mut hatte sie sich ein eigenes Feld konkurrenzlos freihalten können: Die grenzenlose Emotionalität war ihr Bereich. Dort konnte sie uneingeschränkt all das ausleben, was ihr im Verhältnis zum Mann emotional schwierig erschien. Dort konnte sie ohne sonderliche „Anstrengung des kontrollierenden Ich" alle Untertöne und Paradoxien ihres Gefühlslebens, ihrer Liebesempfindungen ausleben. Auch das, was Teil jeder Liebe ist: Abwehr, Gleichgültigkeit, Aggression.

Damit wurde ihr auch die Beherrschung ihrer Gefühle oder die Reintegration von Gefühlen, die unvereinbar schienen, leichter gemacht.

Nun wird auch dieser Bereich vom Mann beansprucht. Ob sie es weiß oder nicht – davor schreckt sie zurück. Denn der Mann als der Stärkere, der ihr so lange einen sicheren Rahmen für ihre eigenen Empfindungen bewahrt hatte, wird nun selbst als widersprüchlich und unzuverlässig erfahren. Die Frau wird, schlicht gesagt, damit konfrontiert, daß ihre eigenen Gefühlsambivalenzen (und keine Beziehung und keine Liebe sind frei davon) sich nicht länger in dem „sicheren Hafen" der männlichen Selbstbeherrschung verbergen können. Sie wird vielmehr darauf gestoßen, daß tatsächlich jedes Gefühl und jeder Ausdruck, ja jede Liebe und die mit ihr verbundene Ambivalenz ein Risiko ist.

Das Risiko liegt also auf beiden Seiten. Bei ihm und bei ihr. Und dies macht es ihr so schwer, mitfühlend und verständnisvoll auf die Schwäche einzugehen, die er zögernd, weil zum ersten Mal, zum Ausdruck bringt.

Dieser Konflikt, den viele moderne Paare erleben, betrifft natürlich in ganz besonderem Maße die Lolita-Beziehung.

Denn das Gefühls-Verbot, das in unserer Kultur von Generation zu Generation lockerer wird, gilt natürlich für die heute Vierzig-, Fünfzig- oder gar Sechzigjährigen sehr viel stärker als für jüngere Männer. Es ist für den älteren Mann deshalb auch schwieriger, jene Erfahrung zuzulassen, die ihn zweifelsohne bereichern könnte – nämlich die, daß ein Gefühl, das zum Ausdruck gebracht wird, ein sehr viel intensiveres und direkteres Erleben bedeutet als die ewige Disziplinierung von Empfindungen. Das heißt mit anderen Worten: Sein psychisches Risiko ist erheblich größer als das jüngerer Männer. Aber auch das Risiko für die Lolita-Beziehung ist erheblich größer als für eine „normale" Beziehung. Denn bei einem älteren Mann und einer jüngeren Frau gerät nicht nur – wie bei anderen Paaren – das Beziehungsgleichgewicht ins Wanken, sondern auch die Beziehungsgrundlage, die Beziehungshierarchie.

Da ist es wahrhaftig nicht unzulässig zu fragen, ob sich der ganze Aufwand überhaupt lohnt.

Was also sollen diese beiden tun? Was können sie tun? Sollen sie an dem alten Rollenbild festhalten, das von der Stärke des Mannes ausgeht? Verspricht das mehr Glück für ein Zusammenleben?

Die Antwort lautet: nein.

Sie müssen lernen. Beide. Sie müssen mehr und angestrengter lernen als andere, als „normale“ Paare, um von den traditionellen Rollenverteilungen loszukommen.

Aber die Anstrengung lohnt sich; und wenn sie gelingt, lebt das Lolita-Paar entgegen den gängigen Klischees. Dann ist der ältere Mann zwar immer noch stark, weil er über Erfahrung und Wissen verfügt, aber auch fähig, Schwächen und Gefühle zuzugeben.

15. Kapitel

Klischee, Tabu und Vorurteil – ausgelebt ist schon gewonnen

Wir haben in den vorherigen Kapiteln gesagt, daß dieses Paar – zumal in den ersten Monaten seiner Beziehung – darauf angewiesen zu sein scheint, daß der Mann die Rolle des Überlegenen, des Wissenden, des Lenkenden übernimmt. Wir haben anhand psychoanalytischer Erkenntnisse auch auf vieles hingewiesen, was in zwischenmenschlichen Beziehungen nicht immer offen zutage tritt. Wir haben die Hypothese aufgestellt, daß diese Wünsche im Unbewußten der jungen Frau verankert sind und ein wichtiges Element ihrer Partnerschaft bildeten. In einer begrenzten Zeit, so haben wir dargelegt, scheint dieses Paar gezwungen zu sein, nach einem Klischee – einem gesellschaftlich eigentlich schon überholten, altmodischen Klischee – zu leben, es für sich mit Leben zu erfüllen.
Und das ist möglich.

So paradox es auf den ersten Blick auch klingen mag: Ein Klischee überwindet man am besten dadurch, daß man es lebt. Auslebt.

Der schlimmste Fehler, den dieses Paar begehen könnte, wäre nämlich, die aus dem Unbewußten herrührenden Wünsche zu verdrängen. Es wäre geradezu verheerend, wenn die junge Frau sich gleichsam unter einen „Emanzipationszwang" stellen würde. Etwa mit dem Hinweis, daß sie die Vormachtstellung des Mannes ablehnt. In ihrer Situation wäre das eine nur von außen aufgezwungene Verhaltensweise.

Soziale Regeln und Normen wirken natürlich stark. Das ist im Prinzip auch gar nicht abzulehnen. Besonders junge Menschen empfangen von sozialen Regeln und Normen ihre Identität, ihr „Außen-Ich". Doch eine verinnerlichte soziale Norm, ein soziales Gewissen ist wertlos, wenn es auf der abrupten Verdrängung frühkindlicher Erwartungen aufgebaut ist.

Der Kindertraum darf nicht sterben! Der Preis wäre zu hoch. Er entspräche dem Verlust von Liebesfähigkeit und Sensibilität. Unzählige Beispiele aus der therapeutischen Praxis beweisen das. Diese Erkenntnis ist auch weitgehend in den pädagogisch-psychologischen Fachjargon unserer Tage eingegangen. Trotzdem verhalten sich viele Menschen immer noch gegen ihre eigenen Interessen, indem sie vorbehaltlos einer sozialen Norm gehorchen und dabei die Vielfalt der Wünsche verdrängen, die aus dem Unbewußten aufsteigen, sie verwerfen, abschieben, wegdrängen.

Es ist also nur vernünftig, wenn die junge Frau begreift, daß sie ihre Wünsche leben darf, sogar leben muß, wenn sie mit dem älteren Mann glücklich werden will.

Auch wenn die Auffassungen ihrer Umwelt, wenn mahnende Stimmen von Freunden und Verwandten dagegensprechen. Diese Kinderwünsche, die so unangemessen erscheinen und so ungestüm aus dem Unbewußten aufsteigen, fordern kein Opfer. Sie enthalten den innersten Kern ihres „Ich".

Es gibt keine soziale Regel und Norm, die befähigt wäre, ihr im selben Maße Befriedigung und Erfüllung zu geben. Jenseits der Energien des Unbewußten, jenseits der Kinderträume und Wünsche gibt es wahrscheinlich überhaupt kein Glück.

Sicher müssen diese kindlichen Regeln früher oder später mit der Realität in Verbindung gebracht werden. Aber wer wollte davon in der ersten bewegten Zeit der Verliebtheit reden? Niemand ist berechtigt, an diesem Glück zu rütteln, das jetzt für sie erfahrbar ist.

Was macht es schon, wenn viele ihrer Glücksvorstellungen besonders in der allerersten Zeit einem Klischee ähneln.

Das Bild vom sicheren und starken Mann, der in sich ruht und schier unumstößlich scheint – das ist ihr Ideal, das Idealbild, das sich jede junge Frau irgendwann von ihrem Geliebten macht. Die Korrektur durch die Wirklichkeit kommt schon noch früh genug.

Die Zeit der ersten Verliebtheit – je länger sie dauert, um so besser – ist nicht dazu da, sozial wertvolle Vorstellungen zu verwirklichen. Sie ist ausschließlich dazu da, eine alte unerfüllte Sehnsucht zu stillen. Solche Erlebnisse und Erfahrungen tragen eine Beziehung sehr lange und sehr weit. Sie sind ein Unterpfand des Irrationalen, das jede lebendige Verbindung braucht, wenn sie nicht verkümmern und vertrocknen soll. Sie sind ein Privileg.

Für Lolita liegt der Zugang zu den wenig verschütteten Quellen der Kindlichkeit noch vergleichsweise offen.

Ein älterer Mann, der mit ihr zusammenlebt, wäre wahrhaftig schlecht beraten, wollte er sie in voreiliger Realitätstüchtigkeit darauf hinweisen, daß auch er keineswegs dem verlorenen Vater-Bild ähnelt, daß auch er Schwächen und Erschütterungen kennt, daß das glanzvolle Spiegelbild, das sie ihm eine glückliche Zeitlang vorhält, nicht der Wirklichkeit entspricht. Seine Souveränität besteht nicht darin, dieses Bild frühzeitig zu relativieren, sondern darin, es gelassen in all seiner inneren Widersprüchlichkeit auszuhalten, ihr diese kleine Zeitspanne eines Kinderglücks einzuräumen.

Früher oder später zerfällt es ohnehin – unwiderruflich. Aber wenn es schon zerfallen muß, dann sollte es wenigstens nicht dadurch geschehen, daß ihm eine soziale Norm oder eine vernünftige Regel der vergreisten Erwachsenenwelt aufgezwungen wird.

Das Kinderbild sollte nur daran zerbrechen, daß eine gelebte Realität natürlich immer komplexer und widersprüchlicher ist, als es ein Traumbild sein könnte. Etwas des träumerischen Glanzes, der jedem Anfang innewohnt, wird ganz bestimmt verlorengehen. Und doch sollte man sich eher darum bemühen, Spuren davon zu erhalten – nicht nur in der Erinnerung.

Sie geben der Wirklichkeit jene Qualität, die immer wieder über sie hinausweist.

Jedes Liebespaar liebt seinen kleinen Traum jenseits des Wirklichen, verbirgt sich in Flitterwochen und seeligen Gefühlen – die „Ebenen der Mühe" (Bert Brecht) liegen noch vor ihm.

Irgendwann wird herauskommen, daß der (und die) Geliebte nicht so außergewöhnlich ist, wie es in diesen Wochen der ersten Liebe erscheint, aber ein wenig von der Besonderheit dieser Zeit wird ihm (oder ihr) für immer anhaften. Eine lebendige Beziehung ist ohne dieses Besondere, das ein Außenstehender gar nicht sehen kann, schwer vorstellbar.

Und deshalb sollte man dieses Paar träumen lassen. Vor allem es selbst sollte sich die Träume nicht verbieten. Es mag schon sein, daß jene Vorstellung, die Frau verhalte sich kindlich und der Mann wissend und überlegen, ein Klischee ist. Aber wieviel Glanz kann, zumindest in den Augen dieser beiden, von diesem Klischee ausgehen! Er ist lebendiger als manch pädagogisierender Einspruch, der nur von abstrakten Begriffen wie „Emanzipation" oder „unreifes Ich" ausgeht.

Natürlich ist der Alltag, der das Paar bald einholt, sehr viel schwieriger, komplizierter und widersprüchlicher, als es in der ersten Zeit erscheinen mag. Und weil das so ist, muß dem Unbewußten ein realitätstüchtiges, wirklichkeitsgerechtes Verhalten geradezu abgerungen werden.

Dies ist der immerwährende Konflikt zwischen innerem Glücksstreben und äußerer Vernunft, eine Auseinandersetzung, die jeden Erwachsenen in unserer Kultur prägt. Es handelt sich um einen Widerspruch, der letztlich keine Versöhnung kennt. Die Versöhnung bleibt Utopie.

Doch für ein Lolita-Paar ist es notwendig, den Widerspruch zwischen den inneren Wünschen und dem, was sich in der Wirklichkeit davon einlösen läßt, auszuhalten. Aushalten – nicht zudecken! Nicht verdrängen oder an eine abstrakte Norm delegieren! Das ist leichter gesagt als gelebt. Aber das gilt letztlich für jede notwendige Aufgabe.

16. Kapitel

Lolita wird älter

Muß dieses Paar das Älterwerden fürchten? Könnte es sein, daß für diese beiden das Älterwerden noch bedrohlicher ist als für andere?

Es scheint ja so, als sei diese Beziehung auf der ewigen Jugend der Lolita aufgebaut. Was also wird geschehen, wenn das Paar darauf verzichten muß? Wenn Lolita nicht mehr Lolita ist...

In der Lolita-Beziehung spielt die Frage nach dem Alter eine besondere Rolle. Paradoxerweise wird sie nicht durch das Ältersein des Mannes, sondern sehr viel stärker durch das Jungsein der Frau geprägt. Die junge Frau hat sich gleichsam im Schutzbereich ihrer Jugend eingerichtet, und die Tatsache, daß dieser Schutz auch funktioniert (zumindest eine Zeitlang), gibt der Beziehung zu einem gewissen Teil Stabilität. Verleiht ihr jene Sicherheit, die Lolita braucht, um erwachsen zu werden. Um erwachsen zu werden? Oder etwa nur, um Kind zu bleiben?

Genau an dieser Frage wird sich die Zukunft der Beziehung insgesamt entscheiden. Wenn es nämlich so war, daß die Jugendlichkeit mit all ihren unreifen Charakterzügen, ihrem verführerischen und zugleich uneigenständigen Charme für Lolita ein Schild gegen das Leben war, wird sie dann überhaupt zurechtkommen?

Wenn – mit anderen Worten – diese Beziehung nicht das Fundament für eine Entwicklung war, die Tag für Tag über das hinausreichte, was „Lolita" an Kindlichkeit zeigte, wenn sie dies nicht war, sondern einem Verharren im Kindischsein Vorschub leistete, in jener alterslosen Infantilität, die für viele Erwachsene in unserer Gesellschaft so kennzeichnend ist, dann hat diese Beziehung in der Tat keine Zukunft. Sie hat deshalb keine Zukunft, weil sie eigentlich auch keine Gegenwart hat.

Denn wenn wir auch immer wieder gesagt haben, daß es sich hier um ein ungleiches Paar handelt, so haben wir doch stets von einem Paar gesprochen. Das heißt, daß sich beide entwickeln, beide ihr Leben leben, beide aufeinander einwirken, beide an ihrer Beziehung arbeiten. Wenn wir zu Anfang behauptet haben, Lolita lebe fast ausschließlich in der Gegenwart und ein wenig in der Zukunft, trifft ein Teil dieser Gegenwärtigkeit natürlich auch auf ihn zu, der gesellschaftlich so sehr in seine Vergangenheit eingebunden ist. Und umgekehrt – wenn wir gesagt haben, er agiere aus der Sicherheit und dem Selbstverständnis seiner Vergangenheit heraus, so fällt ein Stück Lebensgeschichte des Mannes auch auf Lolita, die sich in jenem Schwebestadium zwischen Gegenwart und Zukunft befindet. Eines ist nicht ohne das andere. Beide sind miteinander lebendiger, als sie es ohneeinander sein könnten.

Nur so ist eine Beziehung ja auch vorstellbar.
Nur daraus leitet sich die Berechtigung des Wortes „Paar“ ab. Wir dürfen uns den Blick nicht davon verstellen lassen, daß es so viele Paar-Beziehungen – Ehepaare – gibt, die diesen Namen eigentlich nicht verdienen.

Wir reden hier von einer wirklichen Beziehung, vielleicht einer Liebe, reden von einer Möglichkeit menschlicher Entwicklung, wie es sie vielleicht nur zwischen älterem Mann und junger Frau geben kann.
Ohne diese Voraussetzung ist es in der Tat so, daß Zukunftslosigkeit herrscht. Aber nicht aus dem Wunsch, Jugendlichkeit zu bewahren, sondern nur aus Angst. Angst vor dem Alter. Und Angst vor der Zukunft.

Angst vor der Zukunft heißt immer auch Angst vor der Vergangenheit. Das Leben erscheint dann als nicht gelungen. Und an Beziehungen wird festgehalten, auch wenn sie unlebendig, wenn sie zur Belastung geworden sind.

Wenn wir aber von einem wirklichen Paar ausgehen und unter dieser Voraussetzung jene Eigenart untersuchen, daß ihre Jugendlichkeit und seine gelebte Vergangenheit ein ganz eigenartiges Miteinander, ein Wechselspiel eingegangen sind – dann stellt sich die Frage nach Zeit, Zukunft und Vergangenheit ganz neu. Stellt sich die Frage nach dem Älterwerden einer jungen Frau ganz anders.

Es bedeutet nämlich eine Chance!

Schon bei den Kult- und Vorbildern in den vorausgegangenen Kapiteln wurde klar, daß jene Schauspielerinnen, die Figuren wie Baby Doll oder Lolita populär gemacht haben, in ihrer eigenen Entwicklung nicht älter werden durften. Sie hatten nur zwei Möglichkeiten: Entweder sie fixierten sich, solange es eben ging, auf das Kultbild der Lolita, jenes alterslose Stereotyp, und verfielen dem Vergessen, sobald sie dieser Illusion nicht länger entsprachen, oder sie überwanden das Rollenmuster, das ihre Persönlichkeit einengte und das sie in die Alterslosigkeit einer künstlichen Jugend fesselte. Wenn dies gelang, war die Phase, in der sie die Kindfrau darstellten, eben nur eine Entwicklungsphase – eine von vielen.

Genauso muß jede Lolita in einer Beziehung den engen Zuschnitt überwinden, der am Anfang ihres Verhältnisses vielleicht dominierend war. Diese Entwicklung kann eine Bedrohung für die Beziehung darstellen, aber auch eine Chance für diese Liebe.

Freilich weniger die Chance, jenes Kindfrau-Schema einfach spurlos hinter sich zu lassen und abzulegen, wie etwas, dessen man eigentlich überdrüssig geworden ist. Das könnte leicht zu einer Art vergangenheitsloser Identität führen, die für den heutigen Zustand immer auch Instabilität bedeutet. Nein, wir meinen gar nicht, daß sie den Lolita-Status hinter sich lassen soll, weil er in sich falsch und widersprüchlich gewesen ist, sondern wir sprechen von einer Überwindung. Ihn zu überwinden heißt hier, ihn in eine neue, differenzierte Identität aufzunehmen. Als Erinnerung, als Bestandteil einer Identität, die inzwischen um andere Elemente, Facetten, Möglichkeiten bereichert ist. Nur so kann aus einer Gegenwart auch Zukunft entstehen. Eine Identität ohne Vergangenheit ist ohnehin kaum vorstellbar, eine stabile und hoffnungsfrohe Gegenwart ohne die Hinwendung zur Zukunft ebenfalls nicht.

Die Verknüpfung von Vergangenheit und Zukunft, die Gewinnung einer neuen Identität kann der jungen Frau gelingen, wenn sie dem Bild der Kindfrau entwächst. Denn sie hat ja einen Partner an ihrer Seite, der dank seiner gelebten Vergangenheit souverän ist. Der deshalb ermessen kann, was die nächsten Schritte in die Zukunft bedeuten. Mit anderen Worten: Neben ihr steht jemand, der zur Erfahrung fähig und aufgrund seiner Erfahrung auch zu einer Planung der Zukunft bereit ist.

Dies kann Lolita die Chance eröffnen, aus dem Zustand der Kindlichkeit heraus eine planendere, überlegtere, bedachtere Vorstellung ihres Lebens zu entwickeln. Sie kann dies um so mehr, als sie damit die Spontanität, die Freude am augenblicklichen Genuß nicht aufgeben muß. Sie muß sie lediglich in ein reiferes „ich"-betonteres Verhalten überführen.

Die Charakterzüge, die für den Mann so bewegend, anrührend und befreiend waren, muß Lolita nicht endgültig aufgeben, wenn sie zu erwachsenem Verhalten fähig wird. Sie können allerdings auch nicht einfach so bleiben, wie sie waren. Sie werden Teil jener lebendigen Entwicklung, die Grundlage einer Beziehung ist. Und vielleicht ist es sogar so, daß das, was er von ihr an Spontanität und Beweglichkeit „gelernt" hat, nun auf sie zurückwirkt, so daß ihre Zukunftspläne weniger fixiert, sondern offen, ihre Absichten weniger rigide, sondern flexibel ausfallen können.

Ein Wechselverhältnis – unversehens haben sich die Rollen teilweise vertauscht. Unversehens ergänzen sich diese beiden in dem, was sie voneinander gelernt haben. Es ist ein neues Wechselverhältnis, eines, das sie näher zueinander rückt. Eines, das ihre Beziehung ausgeglichener macht.

„Ich habe keine Angst vor dem Alter."
Warum nicht?
„Nun, zunächst einmal bleibt er ja immer um so viel älter, wie er es jetzt ist – daran ändert sich nichts."

Dieser Scherz weist darauf hin, daß die junge Frau in der Relation zum älteren Mann immer „jung" bleibt. Das verändert sich nicht. Aber ihr zunehmendes Alter ruft doch Veränderungen hervor. Denn die beiden befinden sich ab einem bestimmten Zeitpunkt nicht mehr in zwei verschiedenen Entwicklungsabschnitten. Die altersbedingten Unterschiede sind dann nur noch gradueller Art. Die beiden sind einander ähnlicher geworden – mit jedem Jahr ein wenig mehr. Anderen Paaren geht das ebenso, aber gerade bei diesem Paar fällt es besonders auf, weil der Unterschied am Anfang so gravierend war.

Nun ist der Unterschied nicht mehr so fundamental, so prinzipiell. Daß diese Entwicklung beider Rollen verändert, liegt auf der Hand. Diese Veränderung eröffnet der Beziehung neue Möglichkeiten. Und das bedeutet für die junge Frau, daß sie keine Angst vor dem Altern zu haben braucht – gewiß im Unterschied zu Frauen in „normalen" Beziehungen.

Die vierzigjährige Vera meint dazu:
Es ist ein wenig schwer zu beschreiben. Aber ich glaube, daß man in einer Beziehung mit großem Altersunterschied immer beide Altersabschnitte gleichzeitig erlebt. Man ist beispielsweise ein bißchen zwanzig und ein bißchen vierzig. Oder – wie wir heute: ein wenig vierzig und ein wenig sechzig. Man erlebt das Lebensalter des Partners immer ein bißchen mit.
Und da dies für beide gilt, erlebt man also sowohl das Alter wie auch die Jugend immer ein klein wenig mit!
Ich habe also gelernt – oder eher gefühlt – wie es ist, wenn man schon zwanzig Jahre älter ist.

Was will sie damit sagen? Insgeheim hat sie „ihm" damit ihre Liebe erklärt. Sie hat nämlich den nächsten Altersabschnitt nicht nur miterlebt, sondern hat ihn auch an einer geliebten Person erlebt. Und das heißt: Der nächste Lebensabschnitt kann ihr nicht ganz erschreckend erscheinen. Durch seine Person gleichsam verklärt, erhält er für sie eine lebenswerte, liebenswerte

Perspektive. So zu sein wie der geliebte Mann – das ist eine konkrete und verheißungsvolle Beschreibung von Zukunft. Eine Aussicht, die sich nur wenigen Menschen eröffnet.

Ja, entgegnet sie auf unsere Interpretation, *es ist wohl wirklich so. Durch meine Liebe zu ihm konnte ich gar keine Angst haben, so zu werden wie er.*

Angst – das wäre in diesem Fall fast so etwas wie Lieblosigkeit. Angst beziehungsweise Angstlosigkeit ist also eine Art Prüfstein für eine Beziehung dieser Art, für ihre Substanz, für ihre Glaubwürdigkeit.

17. Kapitel

Die Beziehung der Zukunft

Am Anfang war der Neid, so stellten wir zu Beginn unseres Buches über den Lolita-Komplex fest. Neid, Vorurteile und Mißtrauen bestimmen die Ansichten über eine Beziehung, die gegen den Zeitgeist, gegen gängige Normen und Moralvorstellungen zu verstoßen scheint.

Ist er berechtigt, der Neid? Was stimmte an den vielen Vorurteilen, die diesem Paar entgegengebracht werden?

Wir haben einiges über diese besondere Beziehungsform zweier Menschen erfahren. Viele der Vorurteile stellten sich als unbegründet heraus, manche beruhten auf einer Abwehrhaltung eigenen, verborgenen Ängsten gegenüber, andere wiederum erwiesen sich in Wahrheit als Chance, obwohl sie ein Scheitern der Verbindung zu implizieren schienen.

Die Beziehung zweier so unterschiedlicher und altersverschiedener Menschen bringt vieles in Aufruhr. Sie stellt alte wie neue Gesellschaftsordnungen in Frage, rüttelt an Wertmaßstäben, verschiebt die Grenzen des Akzeptierten – ja, mehr noch: löst sie auf.

Und darin liegt ihre Besonderheit. Deshalb nimmt sie eine Ausnahmestellung ein, führt die Betroffenen in die Isolation, eröffnet ihnen aber auch viele Chancen.

Diese Beziehung hat die ganz große Chance, zu einer wirklich freien, menschlich wertvollen und beglückenden Verbindung zu werden.

Das haben nicht nur die Menschen erkannt, die sich zu einer solchen Partnerschaftsform entschlossen haben. Das haben vielmehr auch diejenigen registriert, die mit so viel Angst, Ablehnung und – Neid auf diese Verbindung reagieren.

Denn in der Tat symbolisiert diese Beziehung all das, was im Kampf um Stärke, Macht und Persönlichkeit vorschnell geopfert wurde: Die Fähigkeit, sich einem geliebten Menschen hingeben zu können in der Sicherheit und dem Vertrauen darauf, verläßlich geborgen zu sein; sich gegenseitig zu bereichern, nicht durch eingelöste Forderungen oder durchgesetzte Rechte, sondern aus dem tiefen Wunsch heraus, dem anderen nahe zu sein, sich mit ihm zu verbinden.

Das hat nichts mit Selbstaufgabe zu tun, nichts mit Ausnutzung und auch nichts mit bloßem Sex.

Und auch in punkto Erotik erweist sich diese Beziehung, der eigentlich der Touch des Konservativen, Altmodischen, Überholten anlastet, in Wirklichkeit als Vorreiter einer längst fälligen Neuorientierung: Liebe, Erotik und sexuelle Anziehung sind nun ein Ganzes.

Die Lolita-Beziehung hat viele Chancen. Denn ihr fällt durch den Altersunterschied einiges in den Schoß, was sich altersgleiche Partner erst mühsam erkämpfen müssen.

Doch geht es nicht um einen Kampf, sondern um ein gemeinsames, ständig neu vollzogenes Erkunden des Reizvollsten, Interessantesten und Kostbarsten, was es geben kann: des Menschen, den man liebt.

Sina-Aline Geißler

MUT ZUR DEMUT

Erotische Phantasien von Frauen

Jeder Mensch hat sie, jeder Mensch braucht sie: erotische Phantasien. Sie bieten die Möglichkeit, erotische Wünsche und Ideen, auf die wir uns in der Realität nicht einlassen möchten, gleichsam imaginär zu erproben. Sina-Aline Geißler legt diese vieldiskutierte Sammlung erotischer Träume von Frauen vor.

Originalausgabe, 2. Auflage
208 Seiten, geb.
ISBN 3-8118-1152-5